成为社交高手

人际关系底层的 50 个心理学效应

赵云龙 孟湘晨 著

机械工业出版社
CHINA MACHINE PRESS

初次与人交往时，如何借助"变色龙效应"不露痕迹地拉近距离？
加入新集体时，如何利用"自我参照效应"打造你在大家心中的记忆点？
说服他人时，如何通过"态度接种效应"建立强大的影响力？

本书将 50 个经典心理学效应化作人际关系破局利器，通过真实人际交往困境拆解，带你掌握科学社交方法论。全书分为"初相识""长相处""互影响""亲密关系"四个部分，追踪人们从相识到相处再到互相影响的过程中，哪些心理学效应会影响人际关系，告诉我们如何应用心理学知识塑造更好的人际关系，并重点介绍了亲密关系中的心理学效应。每个效应都配有"心事驿站"（真实人际场景再现）与"人际贴士"（行动指南），帮助你轻松学会将心理学智慧转化为真实人际关系中的魅力资本。

图书在版编目（CIP）数据

成为社交高手：人际关系底层的 50 个心理学效应 / 赵云龙，孟湘晨著. -- 北京：机械工业出版社，2025.6. -- ISBN 978-7-111-78580-4

I. C912.11-49

中国国家版本馆 CIP 数据核字第 20250CZ335 号

机械工业出版社（北京市百万庄大街 22 号　邮政编码 100037）

策划编辑：向睿洋	责任编辑：向睿洋
责任校对：张勤思　刘　雪　景　飞	责任印制：单爱军

保定市中画美凯印刷有限公司印刷

2025 年 7 月第 1 版第 1 次印刷

147mm×210mm・8.875 印张・1 插页・180 千字

标准书号：ISBN 978-7-111-78580-4

定价：54.00 元

电话服务	网络服务
客服电话：010-88361066	机　工　官　网：www.cmpbook.com
010-88379833	机　工　官　博：weibo.com/cmp1952
010-68326294	金　书　网：www.golden-book.com
封底无防伪标均为盗版	机工教育服务网：www.cmpedu.com

前　言

"I人"和"E人",都能成为社交达人

在人生的诸多议题中,"如何与他人相处"始终是一个绕不开的重要议题。正如心理学家阿尔弗雷德·阿德勒在《自卑与超越》中所说:"我们存在于与他人的关系中,如若我们选择孤立自己,我们也便选择了消亡。"在他看来,人际关系是人生幸福的重要来源,但同时也可能是烦恼的根源。

或许你也觉得,处理人际关系是一件"耗能"的事,时常让人感到疲惫,尤其是对内向的人来说,似乎更是"难上加难"。近年来,随着MBTI(迈尔斯-布里格斯人格类型指标)测试的走红,"I人"(内向者)和"E人"(外向者)成了网络热词。在网上,甚至流传着这样一句话:"I人是E人的玩具。"这样的调侃,虽然言过其实,却也反映了一个普遍现象:在社

交场合中，I人往往显得更被动，仿佛总是被E人"带着走"。

如果你正在阅读本书，我大胆猜测一下，你可能也自称I人，或者至少在某些场合中表现得有些"I"。我始终秉持一个观点：内向和外向没有好坏之分，它们是我们自身拥有的人格特点，各有各的魅力。我们无须为此感到焦虑，也不必强求改变。但是人际关系的处理，不是一个人格特质问题，而是一个技能问题。我们可以是I人，可以内向，但我们不能没有与人交往的"能力"。

以我（赵云龙）自己为例。我是一位心理学老师，我的学生往往认为我是一个外向的人，因为在课堂上，我能侃侃而谈，有时甚至会手舞足蹈；我是一位心理学主播，我的粉丝往往认为我是一个外向的人，因为我在直播间，段子张口就来，幽默风趣，给人一种社交达人的印象。

但是，如果你因此觉得我是一个"天生的E人"，那可就猜错了。

实际上，我是一个典型的内向者。虽然我在公开场合嘻嘻哈哈的，显得很活泼张扬，但私底下我更享受安静、低调的生活。我喜欢独处，喜欢下雨天自己去散步，也喜欢逛一些小众又有特色的景点。这不是为了显得品位独特，而是因为我更想避开熙熙攘攘的人群，在自然风光和人文气息中"充电"。所以，我是一个不折不扣的I人。尽管如此，这并不妨碍我在需要的时候切换到"社交模式"。无论是饭局还是直播活动，只要需要，我就能融入其中，和大家处得很开心。所以，那些"健谈""幽默""会社交"的特质，并不是E人的专属，I人同样可以拥有主动权。

说到这里，可能有 E 人会想：这本书会不会只是写给内向者的？跟我有什么关系？别着急，这不是一本针对 I 人的"生活指南"，而是一本关于人际交往的实用手册，适用于所有希望改善人际关系的读者。本书的内容围绕人际关系中的心理学效应展开，覆盖了友情、亲情、爱情等多个领域，同时分析了不同阶段的人际交往问题。它试图解答一些困扰我们已久的问题：

在初相识阶段，如何让自己更有吸引力，与人交往更自在？

在相处过程中，如何避免矛盾，经营好一段关系？

在日常生活中，如何更好地影响他人，同时避免受到他人的负面影响？

在亲密关系中，如何升温感情，又该如何判断是否需要及时止损？

这些问题也曾困扰过我，但通过学习心理学，我找到了答案，并从中获得了力量。写下这本书，我希望能将这些经验分享给你。

我们学习心理学，不是为了"套路"别人，而是为了更好地认识自己，认识这个世界，并处理好自己与世界的关系。为了让大家更容易理解和应用书中的内容，我在每个心理学效应的讲解中，都配上了生活中的真实场景。你会看到阳光开朗的小夏、敏感自卑的小默、安静内向的小杜，以及能力出众但情商欠缺的小卓（见图 0-1）。他们在人生的不同阶段，与不同的人相识、相知、相恋、相别，有惊喜和感动，也有争吵和无奈。或许，在他们的故事中，你能看到自己的影子，并从中获得一点儿启发。

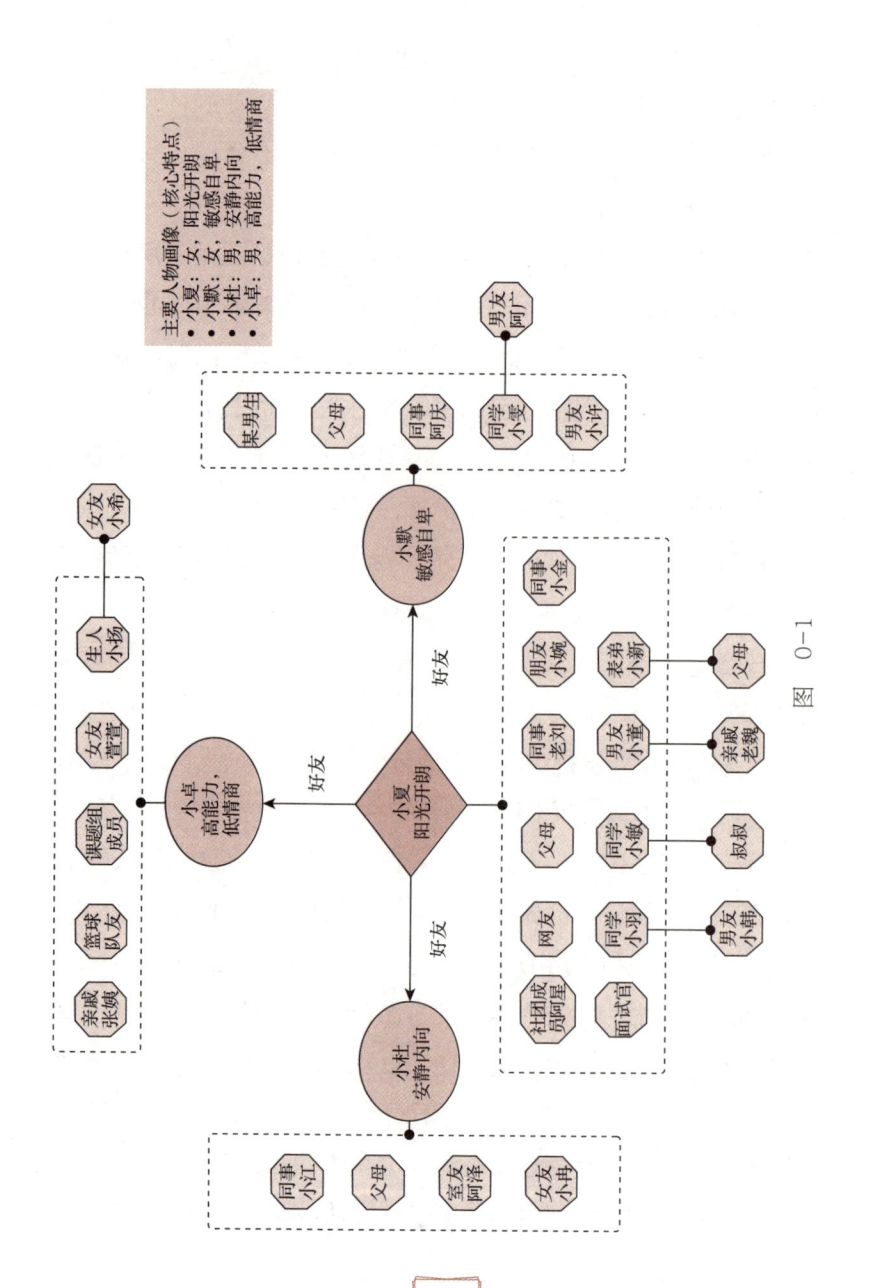

主要人物画像（核心特点）
- 小夏：女，阳光开朗
- 小默：女，敏感自卑
- 小杜：男，安静内向
- 小草：男，高能力，低情商

小默 敏感自卑 的关系网：
- 某男生
- 父母
- 同事 阿庆
- 同学 小雯
- 男友 小许
- 男友 阿广

小草 高能力，低情商 的关系网：
- 女友 小希
- 生人 小扬
- 女友 萱萱
- 课题组成员
- 篮球队友
- 亲戚 张姨

小夏 阳光开朗（中心人物）
- 好友 → 小默
- 好友 → 小草
- 好友 → 小杜

小夏的关系网：
- 同事 小金
- 朋友 小婉 — 表弟 小靳 — 父母
- 同事 老刘 — 男友 小童 — 亲戚 老魏
- 父母 — 同学 小敏 — 叔叔
- 网友 — 同学 小羽 — 男友 小韩
- 社团成员 向星
- 面试官

小杜 安静内向 的关系网：
- 同事 小江
- 父母
- 堂兄 阿泽
- 女友 小冉

图 0-1

最后，我想说，无论是 I 人还是 E 人，只要掌握了人际交往的技能，都能成为社交达人。希望这本书能帮你找到适合自己的社交节奏，变得更自洽、更爱自己。接下来，让我们一起走进这些有趣的心理学效应，开启人际交往之旅。

目录

前言 "I人"和"E人",都能成为社交达人

第一篇
初相识

第一节　如何让自己更有吸引力　/2

01　曝光效应——奇怪,怎么越看越喜欢　/3
02　邻近效应——空间距离越小,心理距离越近　/8
03　首因效应——好的第一印象,是交往的入场券　/12
04　晕轮效应——一个亮点,"照亮"所有特点　/17
05　仰巴脚效应——有点儿小缺点,反而更可爱　/22

第二节　如何在人际关系中更自在　/26

06　自我参照效应——与"我"有关,记住彼此　/27
07　巴纳姆效应——笼统的话,也能讲到心坎里　/31
08　变色龙效应——悄悄模仿,变身人气王　/36
09　聚光灯效应——别老盯着自己,也瞅瞅别人　/41
10　刺猬效应——有点儿分寸感,相处更自在　/45
11　表露互惠效应——分享秘密,关系升级　/50

第二篇
长相处

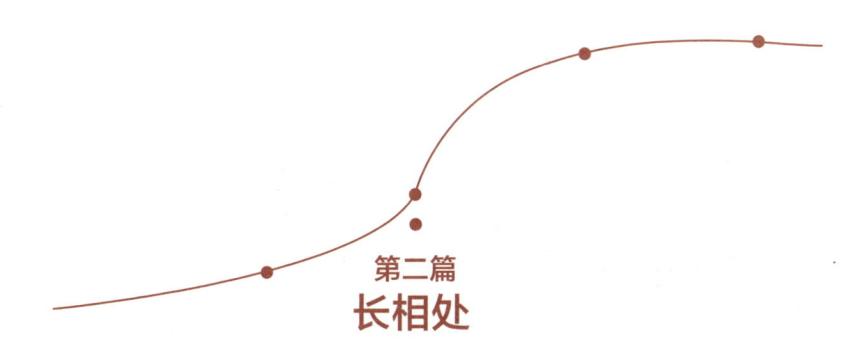

第一节　如何经营好一段关系 / 56

12　互惠规范——你来我往，关系才稳稳当当　/ 57
13　角色效应——穿上别人的鞋，去走走看　/ 62
14　罗森塔尔效应——你期待的，终将成为现实　/ 67
15　赫洛克效应——给点儿反馈吧，批评也比没有强　/ 73
16　阿伦森效应——三分钟热度，不如细水长流　/ 78
17　依恋——你了解我的过去，就会更懂我的现在　/ 83

第二节　如何避免人际冲突 / 89

18　达克效应——智者，不与"懂王"论短长　/ 90
19　罗密欧与朱丽叶效应——硬碰硬，不如适当放手　/ 96
20　透明度错觉——心里那点事儿，说出来才懂　/ 101
21　行动者-观察者偏差——同一件事，你我的视角并不同　/ 105
22　自我服务偏差——功劳归我，"锅"我可不背　/ 111
23　虚假一致性偏差——自作主张，不如多问一句　/ 115
24　认知证实偏差——先入为主，当心进入"信息茧房"　/ 120

第三篇
互影响

第一节 他人如何影响我 / 126

25 社会促进与社会抑制——有人在场，就受影响 / 127

26 社会懈怠——人多，好"搭便车" / 132

27 从众效应——随大流，还是走自己的路 / 138

28 去个体化——"隐身"于群体中，丢失自我 / 144

29 睡眠者效应——时间久，信息更有说服力 / 149

30 刻板印象——唉，被"贴标签"了 / 154

31 认知失调——不好，想法和行为干架了 / 159

第二节 我如何影响他人 / 165

32 德西效应——奖励，未必总是好事 / 166

33 中心路径与外周路径——说服别人，选对路径超重要 / 171

34 好心情效应——心情好，说服事半功倍 / 177

35 权威效应——威望高，一句顶十句 / 181

36 门前效应——大请求被拒，小请求得手 / 186

37 态度接种效应——提前打个预防针，不容易被忽悠 / 191

38 旁观者效应——该出手时，得出手 / 197

第四篇
亲密关系

第一节　如何让爱情逐渐升温 / 204

39　异性效应——有 TA 在，我会更好　/ 205

40　登门槛效应——循序渐进，慢慢来　/ 210

41　吊桥效应——从心跳加速，到心动不已　/ 215

42　相似效应——越相似，越相爱　/ 220

43　恋爱补偿效应——爱情，从知道被喜欢的那一刻开始　/ 226

44　峰终定律——高峰、结尾亮，回忆更加分　/ 231

第二节　如何走出"有毒"的关系 / 236

45　野马效应——情绪失控，伤人伤己　/ 237

46　踢猫效应——别把坏情绪，踢给无辜的"小猫"　/ 242

47　煤气灯效应——是操纵，不是爱　/ 247

48　控制错觉——以为能掌控，其实不然　/ 253

49　破窗效应——小事不管，大事来　/ 260

50　蔡格尼克记忆效应——未完成的，最难忘　/ 265

第一篇 初相识

第一节

如何让自己更有吸引力

01 曝光效应
奇怪，怎么越看越喜欢

❤ 心事驿站

小默在准备一场重要的考试，几乎每天都会去自习室复习。她总是习惯性地坐在一个靠窗的位置，那里光线充足，视野开阔，能让她更好地集中注意力。

这天，她如往常一样，背上沉甸甸的教材和备考资料来到自习室，准备继续为自己的梦想奋斗。刚走进自习室，她发现自己平时最喜欢的那个位置对面出现了一个没有见过的男生。那个男生穿着简单，戴着银框眼镜，看起来十分认真地在学习。男生埋头苦学的样子让小默颇有一丝好感。

起初，小默并没有太在意他。毕竟，自习室里来来往往的人很多，大家都忙着自己的事情。可随着日子一天天过去，小默发现，其他人总是换座位或者不定时出现，但那个男生却每天都在，而且总是坐在同一个位置上。每当小默急匆匆地赶到自习室时，那个男生总是已经在专注地学习了。

小默性格有些内向，虽然注意那个男生已经有一段时间了，但一直没勇气去搭话。见面的次数多了，小默不知不觉地开始期待每天都能在自习室里见到他。每次看到他在自习室时，小默还会有些窃喜，仿佛复习备考的压力都减轻了一些。小默感觉挺奇怪的，心里有点儿小困惑：明明两个人连句话都没说过，自己甚至连对方的名字都不知道，怎么会越看越喜欢呢？

效应解锁

曝光效应——随着接触次数的增加，人们对人或事物的态度变得更积极的一种现象。社会心理学家也把这种效应叫作"熟悉定律"。简单来说，我们更容易对熟悉的东西有好感。熟悉性对人际吸引可有不小的影响。实际上，哪怕只是经常看到某个人，都可能让我们越来越喜欢他。

心理研究

心理学家罗伯特·扎伊翁茨曾经做过一个挺有意思的实验。他找来了一群大学生，让他们看一些照片。这些照片上的人他们之前没见过，都是陌生人。在实验中，研究人员让他们按顺序看这些照片，有的照片只会出现一次，有的则多达十几甚至二十五次。看完所有照片后，这些大学生参与者还需要给每张照片打个分，评估一下自己有多喜欢照片上的人。

猜猜结果如何？研究人员发现，照片上的人出现的次数越多，受参与者喜欢的程度就会越高。参与者更喜欢那些看了二十几次的"熟脸"，而不是那些只看过几次的"新鲜脸"。也就是说，只要一个人（或事、物）反复出现在我们眼前，我们很有可能就会对他（或它）产生喜欢的感觉。

心理学家理查德·莫兰和斯科特·比奇也做过一个类似的实验，他们想看看在现实生活中，我们见一个人的次数越多，是不是真的就会越喜欢这个人。为了排除长相对实验结果的影响，研究人员找了四个看起来都挺漂亮的女生参加这个有趣的实验。这些女生的任务就是去上一门社会心理学课程，她们不用跟老师或者同学聊天，只要安静地坐在第一排，让大家都能看到就行。在整个学期中，她们上课的次数有所不同，分别上了0次、5次、10次和15次。到了学期末，研究人员让上课的学生看这些女生的照片，然后给她们的吸引力打分。结果发现，在课堂上出现次数较多的女生，更受大家喜欢。

🐻 人际贴士

我们会和什么样的人交朋友？这个世界上有没有这样两个人，他们注定会在某一天相遇，然后一拍即合？事实是，并没有命中注定的友情或爱情，我们喜欢的，往往是那些经常出现在我们生活中的人。

"老师们都已想不起，猜不出问题的你，我也是偶然翻相片，才想起同桌的你……"《同桌的你》这首歌曲响起时，你能想到的同桌是谁？在青涩的年纪，相比于前后桌，我们和同桌更容易产生感情。为什么？其实，最大的区别就在于我们和同桌的接触频率更高，产生交集的机会更多。这种持续的接触为产生好感创造了条件。

在"心事驿站"的故事中，尽管小默和那个男生几乎没有直接的交流，但他们每天都会在自习室相遇，而且他总是坐在小默对面的那个位置上，这种频繁的"曝光"让小默慢慢地对他产生了好感。这就是曝光效应的典型表现——通过不断地接触，某个人在我们生活中的存在感会变得越来越强，最终让我们产生一种熟悉感和亲近感。

很多时候，当遇到一个想要接近的人时，我们会因为害羞而不敢靠近，甚至当对方靠近时，我们还会下意识地躲避。这种害羞和局促感很正常，但我们要知道，建立好感的一个关键因素就是接触的频率。接触得越多，我们就越熟悉，越容易拉近彼此的距离。因此，当你想和某个人建立关系时，不妨主动创造一些见面的机会。

如果想和同事建立友谊，你就可以多出现在他们的视线中。不需要刻意去聊天，只要在办公室里多走动就行，比如，去打热水、拿外卖时，顺道和遇到的同事打个招呼、微笑一下。这样，大家就会慢慢熟悉你，对你产生好感。如果你想建立好人缘，那就多参与朋友们的活动，多帮忙，多点赞，让大家习惯你的存在。简单来说，多露脸，多"刷存在感"。

需要注意的是，一开始就让人感到厌恶的事物，无法产生曝光效应。在人际交往中，如果两个人之间有些冲突，或者在性格上不太合拍，那么经常见面反而会扩大冲突或者加剧矛盾。试想一下，你想让对方喜欢你，所以你天天在他面前晃。但你不知道的是，对方一开始就讨厌你，在这种情况下，你还在他面前晃，他只会更讨厌你。

想让曝光效应产生效果，得先让对方对你产生基本的好感。当然，即使对方一开始对你有好感，过多的曝光也会引起对方的厌烦。曝光效应不是让你去做烦人的"跟踪狂"和"显眼包"，而是建议你恰到好处地让别人注意到你。适度的出现，配合自然大方的互动，才会让你更有吸引力。

❋ **人际交往小 tip：**

与其被动等待命中注定，不如试着主动创造机会。频繁而自然的"曝光"，可以让彼此变得熟悉。

02 邻近效应
空间距离越小，心理距离越近

♥ 心事驿站

小杜大学毕业后，怀着对未来的憧憬，离开熟悉的家乡，到繁华的大城市开始了自己的职业生涯。

刚到大城市，小杜就投入了紧张忙碌的工作中。虽然初来乍到，工作中也遇到了不少困难，但凭借勤奋努力，他很快就得到了领导和同事的认可。三个月后，小杜如愿以偿地通过了试用期考核，成功转正。这无疑给了他极大的鼓舞，让他对未来更加充满信心。

初入职场的新鲜感让小杜充满干劲，但新的环境也让他感到有些孤独和忐忑。大城市的生活节奏快、压力大，小杜下班回到空荡荡的出租屋时，孤独感总是油然而生。

直到有一天，公司组织了一次团建活动。在活动中，小杜认识了同事小江。一番闲聊后，他们惊喜地发现原来两人是老乡。他们现在不仅生活在同一个城市，而且居住的小区只相隔一条马路，这让小杜感觉非常神奇，同时也亲切感倍增。他们从家乡的小吃聊到童年的趣事，从工作的烦恼聊到未来的规划。两人越聊越投机，仿佛多年未见的朋友重逢一般。

当时，两人都在为找房子发愁，正好一拍即合，决定合租。在同一屋檐下，关系越来越近，他们逐渐成为无话不谈的好朋友。小江的出现，让小杜在这个陌生的城市里多了一些安定感。

效应解锁

邻近效应——两个人能否相互吸引，与他们住得近还是远有很大关系。尤其在交往的早期阶段，空间上的距离越小，双方越接近，越容易成为好朋友。

心理研究

社会学家威廉·怀特想了解住处的远近是否会影响友谊的形成，于是在一个名叫派克森林的小镇开展了一项研究。这个小镇是新建造的，所有的居民几乎可以看作同时搬进来的。因为这里的房子都差不多，所以大家在选房子的时候比较随意，基本上可以看作随机分配。搬来小镇之前，这些居民互相都不认识。理论上，他们成为朋友的机会都差不多。但是，过了一段时间，怀特在调查中发现，住得近的居民更容易成为朋友。

心理学家利昂·费斯廷格等人在研究友谊形成时，也发现了这一现象。他们对一个住宅区的已婚大学生进行调查。调查数据显示，在同一楼层中，41% 的人想和隔壁的邻居做朋友，21% 的人愿意和隔一个门的邻居交往，只有 10% 的人想和住在走廊尽头的邻居做朋友。与在同一楼层的人相比，住在不同楼层的人被提到的次数就更少了。

心理学家比布·拉塔内等人通过一项研究，进一步证明了住处是否邻近对人际交往的影响。拉塔内等人让参与者回忆并描述与别人交往中最难忘的事情，并说说这些人住得离他们有多远。结果显示，虽然也有10%的难忘经历是和住在50千米以外的人发生的，但大部分还是发生在住得很近的人之间。类似的研究在中国也进行过，结果基本一致。这说明，不管在东方还是西方，住处是否邻近的确对人际关系有很大影响。

人际贴士

听到"邻家妹妹""校友""老乡"这些词时，你会不会有一种莫名的亲切感？这就是邻近效应的神奇之处，即使你对对方一无所知，仅仅因为你们之间有过某种邻近关系，如住得近、来自同一个地方或学校，你也可能不由自主地对其产生好感。

在"心事驿站"的故事中，小杜和小江的友情就受到了邻近效应的影响。刚到大城市时，小杜和小江并不熟悉，甚至可以说是陌生人。当他们知道对方是老乡时，彼此的心理距离迅速拉近。后来，他们成为室友，有了更多的接触和互动，时间一长，俩人自然就成了无话不谈的朋友，友谊在不知不觉中逐渐加深。

为什么住得近了，关系会更亲密呢？除了接触频繁外，从心理学角度来看，我们的大脑喜欢保持认知一致性，不喜欢矛盾和冲突。也就是说，如果你和一个人住得近，却又不喜欢对方，心里就会产生一种无形的压力。为了缓解这种不适,大脑可能会慢慢寻找对方的优点,甚至在潜意识中美化对方的一些行为,进而让你对他的感觉有所好转。所以,如果你想增加自己在某人心里的吸引力,那么住得离这个人近一点儿是个不错的选择。

不过要注意的是,离对方近一点儿并不意味着要打扰对方的个人空间。我们应该尊重对方的界限,采取自然的方式拉近彼此的距离,比如一起完成一个任务,或者一起参与某个活动。这样不仅能更有效地增进彼此的关系,还能让对方感到舒适和自在。

> ❋ 人际交往小 tip:
>
> 物理上的接近往往能促进心理上的亲近。在尊重对方个人空间的前提下,距离近一点儿,心也近一点儿。

03 首因效应
好的第一印象，是交往的入场券

❤ **心事驿站**

"糟糕！要迟到了！"小夏猛地从床上弹起来，揉了揉惺忪的睡眼。昨天和朋友们聊得太晚，她几乎没怎么睡，现在头还有点儿痛。小夏匆忙套上衣服，抓起背包，连早餐都顾不上吃就冲出了门。想到即将到来的实习面试，她的心跳不禁开始加快。

到达目的地后，她的心更是提到了嗓子眼。让她没想到的是，一个实习岗位竟然有这么多人来竞争。看看大家，一个个着装正式，精神抖擞。再看看自己，因为出门匆忙，衣服皱巴巴的，头发也乱糟糟的，怎么都显得不太正式。

小夏暗自叫苦："完了，这下真是糟大了。别人都准备得这么充分，我简直像没睡醒似的。"尽管如此，小夏还是给自己打气，心想：既然来了，总不能打退堂鼓，还是试一试吧。

终于轮到小夏面试了，她走进面试室，发现面试官的表情立刻变得微妙起来，眼神里透出一丝不快。显然，小夏还没开始说话，面试官就在心里给她打了个低分。在后面的面试环节中，尽管小夏回答得比较流畅且有条理，也显示出了一定的专业性，但面试官似乎对她并没有太大的兴趣。不到20分钟，面试就草草结束了。

结束面试后，人事经理说三天左右会给小夏面试反馈。但小夏心里很清楚，她没给面试官留下好的第一印象，这个实习机会肯定是没戏了。

效应解锁

首因效应——当我们接触到一个人或事物时，最初获取的信息会对我们的整体印象产生深远影响。简单来说，第一印象往往比后续得到的信息更为重要。这意味着在与他人交往时，最初几分钟的互动可能会决定我们对这个人的总体看法。

心理研究

为了证明首因效应的存在，心理学家亚伯拉罕·陆钦斯设计了一个巧妙的实验。他创作了两段文字材料，分别展现了学生吉姆截然不同的性格特征。

一段文字将吉姆描绘成一个友好、外向、喜欢社交的人："吉姆去买文具时，和两个朋友边走边晒太阳。进店后，他热情地和遇到的熟人聊天，出来时还主动和前来买东西的同学打招呼。离开商店时，吉姆偶遇了前一天晚上认识的女孩，和她聊了一会儿，随后才去学校。"

另一段文字则将吉姆描绘成一个害羞、内向、不擅长社交的人："放学后，吉姆一个人离开学校，走在马路的背阴处。途中

第一篇 初相识

遇到前一天晚上认识的女孩,他选择避开她的目光,径直走进一家糖果店。虽然店里有几个他认识的人,但他并没有和他们打招呼,只是安静地等待店员把东西卖给他。随后,他坐在一旁默默喝完饮料,便独自回家了。"

在实验中,陆钦斯将这两段材料以不同的方式呈现给研究的参与者,考察他们对吉姆的印象。结果发现,只看到吉姆外向特征描述的参与者,普遍认为吉姆是个友好、外向的人;只看到吉姆内向特征描述的参与者,则觉得吉姆是个沉默、内向的人。

有意思的是,当两段材料被一起呈现时,参与者对吉姆的印象主要受到先看到的那段材料的影响,而后续的信息会被大大淡化。具体来说,如果先呈现的是外向特征描述,参与者会觉得吉姆是个外向的人。相反,如果先呈现的是内向特征描述,参与者则会认为吉姆是个内向的人。

心理学家所罗门·阿施也做过一个类似的实验,进一步验证了第一印象对总体印象的形成具有的深远影响。阿施让两组大学生评价一个人的性格特征。

对第一组大学生,他描述这个人的特点时,先说"聪慧、勤奋",再说"冲动、爱批评人、固执、妒忌"。对第二组大学生,他介绍了同样的六个特点,但是顺序反过来,先说"妒忌、固执、爱批评人、冲动",再说"勤奋、聪慧"。

结果发现,大学生对这个人形成的总体印象,很大程度上受到特点呈现顺序的影响。先听到正面评价的第一组大学生,对这个人的总体印象比较好;先听到负面评价的第二组大学生,则对这个人的总体印象比较差。这两个实验都说明，人们在形成对他人的印象时，往往会更多地受到最初获得的信息的影响。

人际贴士

在我们的日常生活中，与人交往是不可避免的。无论是在工作场合还是社交活动中，我们总会遇到不熟悉甚至完全陌生的人。虽然我们都知道人是复杂的，具有多面性，不能仅凭一面就下定论，但很多时候，我们还是会不自觉地根据第一印象对人下判断。

通常情况下，我们形成对一个人的第一印象可能只需要几秒钟到几分钟的时间。虽然这种印象并不总是准确的，但它往往是深刻且持久的，甚至可能决定双方以后的互动和关系走向。

在"心事驿站"的故事中，小夏因为出门过于匆忙，没来得及整理自己的仪容仪表。相比之下，其他应聘者都穿着整洁，打扮得体。这种对比可能让面试官觉得小夏不够专业，似乎也不太重视这次机会，这自然给面试官留下了不好的第一印象。尽管小夏在后续的面试环节中展现了一定的专业能力，但由于首因效应的影响，面试官很难完全改变对她的看法。最终，小夏错失了这次工作机会。

在人际交往中，很多时候我们并没有机会让别人深入了解自己，而别人往往会通过短暂的接触或观察来形成对我们的看法。倘若我们一开始给别人留下了良好的印象，他们在后续的交往中

第一篇 初相识

就更倾向于发现我们的优点。相反，如果第一印象不佳，即使我们后续表现再好，对方也可能更加关注我们的缺点，甚至会对我们的优点产生怀疑。

如果你想让自己更有吸引力，拿到与对方交往的"入场券"，管理好第一印象就显得尤为重要。第一印象不局限于外貌和衣着，它还包括我们的言谈举止、态度与自信心的展现。是否礼貌、自信，能否与对方顺畅沟通，这些都会对第一印象产生重要影响。

有人可能会认为刻意维护第一印象是一种虚伪的表现，但实际上，这只是人之常情。平时可以随性一些，但在一些关键场合，尤其是与很重要的人第一次见面的场合，我们还是得注意自己的外在形象和言行举止，给对方留下好的第一印象。毕竟，只有一次给人留下第一印象的机会。

❋ **人际交往小 tip：**

第一印象往往决定了人际交往的起点。在关键场合用心管理自己的外在形象和言行举止，能为日后的深入交往打开更多可能。

04 晕轮效应
一个亮点,"照亮"所有特点

❤ 心事驿站

上中学时如果班级里要举办一场选美比赛,每个人手里只有一票,小夏肯定会毫不犹豫地投给小羽。因为每次看到小羽,她都会有种眼前一亮的感觉。

记得有一次,天特别晴朗,阳光透过教室的窗户洒满了教室。当小羽推开门走进来的瞬间,一束温暖的阳光正好照在她身上。她的裙摆被微风轻轻拂动,在阳光下微微闪耀。小夏看呆了,心里忍不住感叹:哇!小羽也太美了吧,像从童话里走出来的公主一样!那一刻,看着小羽的她,连心情都变得更美好了。

在小夏眼里,小羽简直就是个完美"女神"。她和同学说话的时候声音尤其温柔,她埋头做题的样子显得格外认真,她喂校园里的流浪猫时简直就像善良的天使。无论她做什么,小夏都觉得她特别好。

有一天上课时,老师出了一道难题。坐在小夏前面的同学举手回答,结果答错了。老师耐心地指出了他的错误。小夏在心里暗暗嘀咕:"他真是太粗心了,每次思考问题都不够全面。"

接着老师又问小羽是否会做这道题。小羽红着脸,有些不好意思地说她也做错了。小夏听了后立刻在心里为小羽辩护："啊？连小羽都做错了？那肯定是这道题太难了，老师在故意刁难我们！"

同一个问题，同样回答错误，为什么小夏会觉得别人答错是因为粗心大意，而小羽答错是因为题目有问题呢？

🔓 效应解锁

晕轮效应——当看到一个人身上有某些我们喜欢的特点时，我们就会倾向于认为这个人的其他方面也很优秀，这就像一个发光物体对周围物体都有照明作用一样。比如，你遇到一位老师，讲课相当棒。他激情澎湃地讲授知识时，仿佛头上有光。那么，你可能就会觉得他性格好、人品好、能力强，哪哪都好。

晕轮效应也有它的反面，叫作"负晕轮效应"。如果我们觉得一个人有我们所不喜欢的特点，可能就会觉得这个人的其他方面也不怎么样。

👁 心理研究

心理学家肯尼·戴恩的研究发现，光是长得好看，就能产生晕轮效应。他设计了一个有趣的实验，招募了一群大学生作为参与者，让他们观看三类人的照片：第一类是外貌出众的人，第二类是外貌普通的人，第三类是外貌不太好看的人。接着，戴恩给这些大学生列出了 27 种性格特征，要求他们根据照片判断这些人具备哪些性格特征，并预测这些人的未来发展情况。

实验结果显示，外貌出众的人往往被认为具备更多积极的、受欢迎的性格特点，更有可能拥有幸福的婚姻、成功的职业和丰富的生活。相比之下，外貌普通甚至不太好看的人，被赋予的积极特质较少，获得的关于未来发展的预测也相对悲观。这表明，单凭外貌就能让一个人受到更高的评价，外貌出众的人容易触发晕轮效应。

那么，长相普通的人是否还有机会触发晕轮效应呢？心理学家哈罗德·凯利在麻省理工学院做的实验告诉我们，答案是肯定的。凯利的研究发现，不只有美貌，个体的性格特质也能产生晕轮效应。

凯利设计的实验涉及两个班的学生。在实验开始之前，凯利告诉学生们，他们即将迎来一位代课的研究生，并对这位研究生进行了简短的介绍。不过，两个班级听到的介绍略有不同。第一个班的学生被告知，这位研究生"热情、勤奋、务实、果断"，第二个班的学生听到的介绍几乎一样，只是"热情"一词被替换为"冷漠"。

令人惊讶的是，尽管两个班的学生听到的描述只有一个词的差别，但这个小小的变化却带来了截然不同的结果。上完课后，第一个班的学生觉得这位研究生非常友好，与他进行了愉快的互动，第二个班的学生则明显与他保持了距离，显得有些疏远。可见，由不同性格特质产生的"晕轮"，也会影响到整体的印象。

第一篇 初相识

🦁 人际贴士

在人际交往中，人们往往会因为对方的某一个突出特质，比如外貌，形成对这个人的整体印象，从而影响对其他方面的认知。

在"心事驿站"的故事中，面对同一个问题，小夏却对不同的人产生了完全不同的看法。这是因为小羽的"高颜值"在小夏眼中形成了一个"晕轮"，使得小夏对她的其他特质，包括智力、判断力等，都产生了积极的评价。当小羽在课堂上回答错误时，小夏的第一反应并不是质疑小羽的能力，而是觉得题目本身有问题。因为在小夏心中，小羽已经被理想化为一个几乎完美的人。因此，面对任何可能破坏这一完美形象的事情，小夏都会不自觉地寻找外部原因来解释，以保护她心中对小羽的美好印象。

"高颜值"为何能产生晕轮效应？因为我们大多数人都是视觉动物，对美的东西天生就没有抵抗力。当我们看到美的东西时，大脑会迅速产生愉悦的反应，将"美"与"好"联系在一起。比如，美丽的自然风光，会让人感到心旷神怡。同样，精美的艺术作品或迷人的人物外表，也会让人产生喜爱之情。当遇到长相漂亮或帅气的人时，你可能会下意识地认为他们性格好、聪明、有才华，甚至觉得他们的人品也一定很好。这就是为什么会有"他长得好看，他说什么都对"这种说法。

基于这种心理机制，如果你想增加自己的人际吸引力，可以尝试改善自己的外貌。外貌并不完全是天生的，很多方面都可以通过努力来改善。比如，你可以去健身塑形，让自己的身材更好，或者适当地学习化妆、穿衣打扮，让自己看起来更精神。这些都是更具吸引力的外貌构成的一部分。

除了外貌，你还可以通过培养某些优良的特质来增加自身的吸引力。如果你会唱歌，那么在聚会时，你就可以成为焦点。如果你学识渊博，那么在讨论问题时，你的发言会令人刮目相看。如果你很幽默，善于制造轻松的氛围，那么你在人群中会非常受欢迎。这些特质一旦发展得特别突出，也能和"高颜值"一样，成为你的亮点，"照亮"你的其他方面。

❋ **人际交往小 tip：**

突出的优良特质往往会产生晕轮效应，让我们对一个人的其他方面也产生好感。培养自己的特长，能让我们在人际交往中更具吸引力。

05 仰巴脚效应
有点儿小缺点，反而更可爱

♥ **心事驿站**

小卓读中学时是班里公认的"全能王"。他不仅学习成绩优异，在各类比赛中屡次获奖，还多才多艺，会画画、唱歌、弹吉他。运动场上，他更是如鱼得水，无论是在篮球场还是田径跑道，总能看到他矫健的身影。在老师和家长眼中，小卓无疑是一个完美的学生和孩子。

这份"完美"也给小卓带来了一些烦恼。尽管他如此优秀，但似乎并没有太多同学愿意和他深交。小卓百思不得其解："我这么优秀，这么上进，为什么大家似乎都在有意疏远我呢？"他虽然为此苦恼，但依然坚定地认为自己要做一个完美的人，只有这样，才能真正被认可，受大家欢迎。

有一天，小卓脑海里想着没解出来的数学题，他走进教室，一不留神踩到了地上的一小片水渍，那是值日生刚刚打扫卫生留下的。小卓脚下一滑，"咚"的一声，四脚朝天地摔在地上，他的白衬衫瞬间变成了"地图衫"。小卓狼狈地爬起来，正要拍拍衣服，忽然发现几乎全班同学都目睹了整个过程。

小卓感到前所未有地尴尬，脸涨得通红，恨不得找个地缝钻

05　仰巴脚效应——有点儿小缺点，反而更可爱

进去。他一向以"完美"形象示人，这样的意外让他觉得在大家面前丢了脸。

本以为这只是个不值一提的小意外，没想到从那天起，小卓的人缘反而变得更好了。下课时，总有同学主动找小卓讨论问题；课外活动时，也常有人邀请他一起参加。那些以前对他敬而远之的同学，现在似乎变得更愿意和他交流了。

◎ 效应解锁

仰巴脚效应——一个看起来非常优秀或有才华的人，如果偶尔犯了一些小错误，或者不经意间展露了一些弱点，反而会显得更加亲和，更容易被他人接受和喜欢。简单来说，有能力的人犯点儿小错反而会提高他们的人际吸引力。

◎ 心理研究

心理学家埃利奥特·阿伦森曾设计过一个挺有意思的实验，来研究人们对不同类型人物的好感度。他给大学生们播放了四个人的访谈录音。

在第一段录音中，受访者表现出了较强的能力，他被问了一系列问题，回答的正确率高达92%。在对话中，能够感受到他在大学期间表现十分出色，他不仅是学报的编辑，还加入了摄影队。（能力突出）

在第二段录音中，受访者同样表现出了较强的能力，但是在

第一篇 初相识

谈话接近结束时,从录音机里突然传出了慌乱的脚步声,并且大学生们听到受访者说:"哎呀,真是抱歉,我把咖啡打翻了,连我的新衣服都弄脏了。"(能力突出,且有点儿小失误)

在第三段录音中,受访者的表现较为一般。他也被问了一系列问题,但回答的正确率仅为30%。他曾尽力加入摄影队,但是没有成功。(能力平庸)

在第四段录音中,受访者的表现不仅较为一般,而且还不慎打翻了桌上的咖啡,弄湿了自己的新衣服。(能力平庸,且有点儿小失误)

在这四个人中,谁会是最受欢迎的那一个呢?实验结果出人意料:最受欢迎的并非那个表现完美的能力突出者,而是那个能力很出众,但有点儿小失误的人。此外,能力平庸又有失误的人被认为最缺乏吸引力。

人际贴士

有时候,展现自己不那么完美的一面,反而会让你更具吸引力。这听起来可能有点儿反直觉,但其实很有道理。因为如果你总是表现得完美无缺,别人可能就会觉得你不够真实,或者难以接近。相反,偶尔犯个小错,或者展现出一点儿脆弱,别人可能会觉得你更加真实和可爱。

在"心事驿站"的故事中,小卓作为"完美男神",虽然受到认可,但同时也被置于一个难以接近的位置。他的摔倒事件,

05　仰巴脚效应——有点儿小缺点，反而更可爱

看似很尴尬，实际上却成为拉近他与同学之间距离的契机。这个小小的"不完美"瞬间，反而使小卓变得更加"接地气"，让他从遥不可及的神坛走下来，成为会出糗的真实个体。所以，从那天开始，小卓的人际关系反而变得更好了。

我们经常被告知要追求卓越，要力求完美。这种观念根深蒂固，以至于我们给自己施加了过多的压力。其实，人不用做到十全十美，只要在自己的能力范围内尽力做到最好就可以了。如果你恰好是个完美主义者，在追求完美的路上偶尔有点儿小失误，也没必要太自责。你可以这样想，这就是我的"仰巴脚"，是使我更吸引人的地方。

当然，犯点儿小错、出点儿小丑是可以的，但可不能犯大错。比如，偶尔在说话时口误可能会让一个人显得更有趣，但如果这个人经常说谎或者做出不道德的行为，那就完全是另一回事了。

一个"扎心"的事实是，运用仰巴脚效应还得注意一个前提，那就是你本身已经很优秀了。在阿伦森的实验中，最不受欢迎的是那个能力一般又犯了错误的人。一个人本身能力平平，还经常犯错误，别人就会觉得他不太专业或者不够可靠。所以，如果你觉得自己目前的能力还不行，那就先"打怪升级"，把能力提升上来吧。

❋ 人际交往小 tip：

在人际交往中，不妨试着放下"偶像包袱"。偶尔的出丑不仅能让人感受到你的真实和可爱，还能消除你与他人的距离感。

第二节

如何在人际关系中更自在

06 自我参照效应
与"我"有关，记住彼此

● **心事驿站**

小默刚入职一家互联网公司，初来乍到的她在新公司里显得有些拘谨。入职当天，部门领导向同事们简单地介绍了她，并迅速开始分配工作任务。接下来的几天，小默默默地完成上级交代的各项任务，与同事们仅有简单的交流。

周五晚上，公司组织了一次团建活动，地点定在市里最有名的海鲜餐厅。小默不禁有些兴奋，既期待着体验美食，也希望能借此机会和同事们拉近距离。

不巧的是，由于一些事情耽搁，小默比预定时间晚到了半小时。她匆忙赶到餐厅，发现同事们正有说有笑，座位已经被坐满了。她踌躇了一会儿，才小声说："不好意思，我来晚了。请问……我应该坐在哪里呢？"同事们一愣，这才意识到竟然忘记给新来的小默预留座位。场面一度十分尴尬，直到部门经理反应过来，连忙让服务员加座，情况才有所缓解。

虽然餐厅环境不错，菜品也十分丰富，但小默却开心不起来。她有一搭没一搭地夹菜，脑海中不断回想着刚才的场景，仿佛周围的欢声笑语都与她无关。

第一篇　初相识

回家的路上，小默坐在出租车后座，望着窗外飞速掠过的街景，心中五味杂陈。尽管公司的福利待遇令人羡慕，她却感到一丝失落和孤独，似乎在这家公司里她只是个"小透明"，没有存在感。大家似乎很少记得她，有好玩的活动时也很少想起她，这让她和同事们的关系无法拉近，她该怎么办呢？这个问题让小默陷入了沉思。

🔓 效应解锁

自我参照效应——当我们接触到的信息与自己有关时，我们更容易记住它。比如，如果你读到一篇关于去某地旅行的文章，而你自己也去过那个地方，你可能就能更容易地记住文章中的细节。

◉ 心理研究

心理学家 T. B. 罗杰斯曾做过一个有趣的实验，这个实验揭示了我们大脑处理信息的一个奇妙特性。他给实验参与者呈现40个描述人格的形容词，然后让他们去加工和记忆这些词。参与者被分成了四个小组：结构组、韵律组、同义词组和自我参照组（简称自我组）。每个小组使用不同的方法记忆这些词。

例如，当呈现"Sociable"（善交际的）这个词时，结构组需要回答"这个词有没有大写字母"，这种方法引导他们关注词的外形。韵律组可能需要回答"这个词和'table'（桌子）押韵吗"，这是让他们关注词的发音。同义词组可能需要回答"这个词和'friendly'（友好的）意思相同吗"，这是要求他们理解词的意义。自我组则需要回答"这个词适合描述你吗"，这是引导他们将词与自己联系起来。

当小组成员完成学习任务后，罗杰斯要求他们回忆这些词。结果发现，自我组的人记得最好，表现明显优于其他三组。这个实验很好地证明了自我参照效应的存在，说明我们的大脑特别擅长处理和记忆与自己相关的信息。

🐾 人际贴士

我们的大脑就像一个自带过滤器的搜索引擎，总是在海量的信息中寻找与"我"相关的内容。当遇到新的信息时，我们可能会不自觉地问："这和我有关系吗？"如果答案是肯定的，这条信息就会被我们的大脑标记为"重要"，从而更容易被记住和提取。因此，如果你和某个人共有一些东西，比如有共同的兴趣爱好，或者你们曾经一起参加过某个活动，这个人就会更容易记住和想起你。

在"心事驿站"的故事中，小默想要和同事们拉近关系，可以先了解自己和同事的爱好有没有相同点。比如，如果小默喜欢逛街、吃火锅、打羽毛球，发现有人和自己一样，就可以主动邀请他们一起参与。共同的爱好和经历会让她在对方心中留下更深刻的印象。毕竟，和自己有关的人和事，总是更容易留在一个人

第一篇 初相识

的记忆中。

即使你是个内向的人,不喜欢参加社交活动,也可以在日常交谈中巧妙地运用自我参照效应。比如,大家经常会问:"你是哪里人啊?"假设你是重庆人,遇到了一个湖南人,不要只停留在"哦,你是湖南人啊"这样简单的陈述上。你可以再多问一句:"我听说湖南人和我们重庆人一样爱吃辣,是吗?"这样一来,你就找到了和对方的一个共同点。下次对方想吃辣的时候,很可能就会邀请你一起。记住一个人,就是从这些小小的联系开始的。

如果你在工作或学习中经常被别人想起,那么在需要合作的任务中,他们自然也会更愿意邀请你一起参与。毕竟,没有人愿意一直孤军奋战,每个人都希望找到志同道合的伙伴。而你,通过不断和他人建立联系,已经在他们心中留下了深刻的印象,不知不觉就会成为他们理想的选择。

❄ **人际交往小 tip:**

> 我们的记忆常常优先保存与自身相关的事物。当我们找到与他人的共同点时,彼此的联系会变得更加紧密,也更容易被对方想起。

07 巴纳姆效应
笼统的话，也能讲到心坎里

♥ 心事驿站

小夏加入了一个社团，周末会和社团成员一起开展一些活动。社团的活动虽然有趣，但每次的时间都不长。几次活动下来，小夏逐渐能认出每个社团成员，见面时也能叫出他们的名字，但彼此间的了解还停留在表面上。社团里的许多人来自不同院系，平时各忙各的，真正深入交流的机会并不多。

这天，社团又组织了一次周末活动。小夏和阿星被分到同一个小组，要一起完成一些任务。在活动开始前，阿星主动找小夏搭话："嘿，小夏，一会儿要搭档完成任务，咱们得分工合作。我在想，咱们最好根据各自的特点来分配任务。加入社团也有一段时间了，你觉得我有什么特点或长处吗？"

阿星的问题让小夏有点儿措手不及。她飞快地回忆着和阿星的几次接触，想努力找出一些印象深刻的细节，却发现自己对阿星的了解十分有限。"他有什么特点呢？"小夏心里嘀咕着，"我怎么一点儿印象都没有啊？我们不是一个院系的，平时也没什么交集。要不我就实话实说，告诉他我不熟悉他得了。"

正当小夏准备开口时，她看到阿星满怀期待的眼神，又犹豫了。阿星看起来是个挺友好的人，明显想通过这次合作拉近彼此的距离。小夏陷入了两难的境地。说实话固然简单直接，但可能会让阿星感到尴尬；敷衍几句，又怕自己显得不真诚。小夏在心里暗暗着急：该说点儿什么比较好呢？

效应解锁

巴纳姆效应——人们往往容易把一些模糊、普遍适用的描述误认为对自己独特个性的精准概括。

这个效应的名字源于"马戏之王"巴纳姆。巴纳姆深知人们的心理，在评价自己的表演时，他表示，他的演出之所以受人喜爱，是因为其中包含了大部分人都喜欢的成分。

心理研究

心理学家伯特伦·福勒做过一个著名的心理学实验，来探究人们对自己性格特征的了解程度。他让一群学生做了一套性格测试题，然后给每个人发了一份"个性化分析"报告，并告诉他们，这份报告是根据测试结果生成的，描述了他们的性格特征。

报告里是这么写的："你希望别人喜欢你、尊重你。你经常自我反省。你有很多潜能还没发挥出来。你有一些小缺点，但你通常能克服它们。你和异性相处有时会感到紧张。虽然你看起来很镇定，其实心里挺焦虑的。你有时会怀疑自己的决定或做的事情对不对。你喜欢生活有点儿变化，不喜欢被束缚。你为自己的独立思考能力感到自豪，不会轻易接受没有充分依据的建议。你觉得在别人面前太直白地表达自己不太明智。你有时候很外向、友好、喜欢社交，有时候又比较内向、谨慎、沉默。你的一些梦想可能不太切实际。"读完这段描述，你是不是觉得："哇，这不就是在说我吗？"

在学生们看完这份报告后，福勒要求他们为报告的准确性打分，满分5分。结果，学生们给出的平均分高达4.26分！他们认为这份报告非常准确地描述了自己的性格。然而，他们不知道的是，所有人拿到的性格分析报告其实都是完全相同的。这份所谓的"个性化分析"报告只是一份高度模糊且普遍适用的报告，几乎适合所有人。

为了进一步验证这一效应，心理学家诺曼·桑伯格设计了一个类似的实验。他使用了一个比较权威的心理测验工具——明尼苏达多相人格调查表（MMPI）。这个测验工具非常可靠，通常能够较为准确地反映一个人的性格特征。

测试结束后，桑伯格给每位参与者两份报告：一份是根据他们的实际测试结果生成的真实报告；另一份是伪造的报告，内容是把所有人的测试结果综合起来，找出共性，然后用一些模糊、笼统的描述来呈现的。然后，桑伯格让参与者判断哪一份报告更符合自己的性格。

结果非常有趣，大多数参与者认为那份伪造的、笼统的报告更能准确地描述他们的性格，而不是那份基于他们真实测试结果的报告！这再次验证了巴纳姆效应的存在：人们往往更容易被那些模棱两可的、普遍适用的描述打动。

🐾 人际贴士

你是否曾经看过星座运势，发现它精准地描述了你的近况？你是否做过性格测试，惊叹于它对你内心世界的洞察？其实，这很可能就是巴纳姆效应在起作用。

巴纳姆效应在生活中很常见。无论是看相算命、星座运势，还是塔罗牌占卜，它们往往都会给出一些模棱两可的描述，引起你的共鸣。"你最近处于事业上升期，但要注意人际关系"，这种说法几乎适用于所有人，却总有人觉得说中了自己的心事。有时候，一些"神棍"可能会利用这个效应，编造虚假的预言或神谕，骗取钱财。这些现象提醒我们，面对信息时要保持理性思考，学会辨别信息的真伪，避免被笼统的说法所迷惑。

同时，我们还可以利用巴纳姆效应的积极方面，在人际交往中拉近与他人的距离。在"心事驿站"的故事中，小夏遇到了一个社交难题。她想坦白自己对阿星不了解，但又担心说得太直接会让阿星感到难堪。小夏对阿星不够熟悉，无法给出特别具体的评价，这时她可以巧妙地借助巴纳姆效应，用一些模糊而温和的描述打破这个令人尴尬的局面。

例如，小夏可以这样说："我觉得你是一个做事情比较认真的人。尤其是对那些特别想做好的事情，你会非常投入。我也注意到,虽然有时候遇到困难,你可能会有点儿退缩,但总体来说,你是个积极向上的人,充满进取心。咱们一会儿要合作完成这个活动任务,你愿意主动跟我交流,这说明你非常关心集体的利益,愿意为团队出力。"这样的评价看似没有太强的针对性,但可能会让阿星觉得小夏非常了解他,从而在之后的团队合作中更加愿意与小夏配合。

在与人交往时,我们希望给别人留下深刻的印象。同样,别人也希望自己能够被记住和关注。因此,当我们积极地评价或描述别人时,别人可能会感觉到被肯定和理解,并对我们产生好感。而根据巴纳姆效应,笼统的称赞或评论也能起到同样的效果。

话说回来,我可不建议你提前准备好一套"万能模板",逢人就这么说。万一某一天,这些人聚在一起,发现你对每个人说的都一样,那场面可就尴尬了。巴纳姆效应可以帮助我们在社交场合中更好地应对一些尴尬状况,但它只是一种暂时的策略。要想让关系更加稳固、持久,还是需要更深入的了解和更真诚的互动。

> ❋ **人际交往小 tip:**
>
> 　　人们往往容易相信模糊而普适的描述。我们可以借此打破无话可说的尴尬,让对方感受到被理解和认同。

08 变色龙效应
悄悄模仿，变身人气王

❤ 心事驿站

小夏背着书包，轻快地走进了教学楼，准备去上她最喜欢的选修课——社会心理学。这门课不仅内容有趣，还让她认识了一个特别的女生——小敏。小敏在课堂上的每一次发言都十分出彩，很有深度，令小夏印象深刻。

小夏很想和小敏成为朋友，但她发现小敏总是独来独往，很少与人交流。相比之下，小夏虽然学习成绩平平，但在社交方面却是个能手，很招人喜欢。她性格开朗，善于观察并模仿他人的小动作和习惯，用这种巧妙的方式拉近与别人的距离。

这天，小夏决定采取行动。她提前来到教室，故意坐在了小敏常坐的位置旁边。小敏如往常一样，独自一人走进教室，对周围的人视而不见。她坐下后，立即打开笔记本，专注地复习上节课的内容，没有特别注意小夏。

课程开始后，小夏开始了她的"秘密行动"。她注意到小敏有个习惯：每当听到精彩的观点时，小敏会不自觉地托着下巴，眼睛微眯。小夏立即模仿这个动作，同时还不忘认真听讲。过了一会儿，小敏开始转笔，这是她思考问题时的习惯动作。小夏也跟着转起了笔，动作流畅，丝毫不显刻意。当小敏因为困倦而趴在桌上时，小夏也悄悄地趴下休息，全程都表现得很自然。

整堂课下来，小敏渐渐注意到了身边这个有趣的女生，但她并没有意识到小夏在模仿她的行为。她只是隐约感觉到她们之间似乎有些共同之处，也许能成为朋友。这种奇妙的感觉让小敏不禁对小夏产生了兴趣，开始主动找小夏聊天。小夏心中暗喜，她知道是因为自己巧妙地模仿了小敏的行为，才有了对话的机会。

效应解锁

变色龙效应——人们在社交互动中，会无意识地模仿对方的语言、表情和行为，以此增进感情和增强联系。比如，你和一个喜欢的人聊天时，可能会不自觉地模仿这个人的语调和肢体语言。

社会心理学家之所以把这种效应叫作"变色龙效应"，是因为变色龙能够自动地改变自己的颜色，以便更好地融入周围的环境。

心理研究

心理学家塔尼娅·沙特朗和约翰·巴奇做了一个实验，证明社交互动中的确存在变色龙效应。他们让每两人一组，一起描述一张照片。每组其实只有一个真正的参与者，另外一个是研究者的助手。研究者告诉助手们，在描述照片的时候，要做一个动作：要么用手摸自己的脸，要么摇晃自己的脚。

如果人们真的像变色龙一样，我们就可以预期参与者会模仿这些动作。结果发现，当助手们做出这些动作时，参与者真的会模仿他们，不自觉地摸自己的脸或摇晃自己的脚。

研究者认为，这种模仿就像一种"社交黏合剂"，让人们感觉自己和身边的人相似，而相似性会增加彼此的好感。所以，他们假设，如果有人模仿你的姿势，那么相比其他人，你可能会更喜欢这个模仿你的人。

为了验证这一假设，他们做了第二个实验，让助手们悄悄地模仿参与者的动作。结果不出所料，被模仿的参与者普遍表示更喜欢那些模仿他们的助手。有趣的是，37个参与者中只有1个意识到自己被模仿了。这说明，变色龙效应可以在我们没有意识到的情况下发生作用。

在某些社交场合中，如果你有意识地模仿对方的行为，能拉近你们之间的关系吗？为了回答这个问题，研究者威廉·马达克斯等人做了一个实验。他们告诉一些即将进行谈判的学生："为了得到更好的谈判结果，成功的谈判专家建议你模仿对方的动作特点。比如，当对方摸自己的脸时，你也应该这样做。如果对方在椅子上后仰或前倾，你也应该这样做。但是，你模仿时要非常微妙，不要让对方察觉到你在模仿，否则这种方法会适得其反。"结果，那些听了这些指导语的学生在谈判上一致地获得了更高的分数。这说明，有意识地模仿他人的行为，也能获得他人的好感，拉近彼此的关系。

08 变色龙效应——悄悄模仿，变身人气王

🐾 人际贴士

刚出生的婴儿如何学会微笑、说话、走路？没错，就是通过模仿。当妈妈对着婴儿笑时，婴儿会不自觉地回以微笑；当看到大人走路时，婴儿会迫不及待地想要站起来，迈出自己的第一步。这些都是模仿行为在人类身上的最初体现，也是婴儿认识世界、学习技能的重要方式。随着我们年龄的增长，模仿行为并没有消失，而是变得更加复杂和微妙，但其本质仍然是为了更好地与他人建立联系。

为什么巧妙地模仿别人能够帮助我们建立信任和情感联系呢？这主要是因为，人是社会性动物，天生渴望被理解、认同和接纳。我们在与他人相处时，会下意识地寻找共同点和相似性。如果你发现一个人说话的方式、喜欢的东西甚至一些小动作都和你很相似，你会不会产生一种亲近感，觉得"咦，这个人和我真像！我们应该很容易聊得来"？产生这种感觉后，你自然就更愿意与对方建立联系。

在"心事驿站"的故事中，小夏通过观察并模仿小敏的小动作，如转笔、托着下巴认真听讲等，成功地拉近了与小敏的距离。尽管小敏并未意识到小夏在有意模仿她，但这种由模仿产生的相似性还是让小敏下意识地对小夏产生了好感。

值得一提的是，模仿并不意味着失去自我或缺乏个性。相反，它是一种社交智慧的体现，能帮助我们更好地融入不同的社交环境。在求职面试或商务谈判中，适当地模仿对方的肢体语言

或说话方式,可以让对方感觉你们是"一路人",从而增加成功的机会。在销售过程中,模仿顾客的语言风格可以增加亲和力,提高成交的可能性。在日常生活中,偶尔模仿朋友或家人的表情、语气,可以增添你的幽默感,让气氛更轻松愉快。

一般来说,模仿别人的行为可以让人对你产生好感,使你变身"人气王"。但"模仿促进喜欢"这个黄金法则也有例外。如果你模仿一个人生气或其他不开心的样子,可能会让对方觉得你在嘲笑或挑衅他。这样不仅不会拉近关系,还可能引发反感和不满。对负面情绪的模仿,尤其是愤怒、沮丧或焦虑,很容易让对方觉得你在"火上浇油",增加对方的情绪压力。所以,模仿要自然,也要适度,不然弄巧成拙,可就糟了。

> ❋ **人际交往小 tip:**
>
> 模仿是人类的天赋。发挥好这个天赋,恰当的模仿能让我们更好地融入社交环境,增加彼此的信任与好感。

09 聚光灯效应
别老盯着自己，也瞅瞅别人

◆ **心事驿站**

今天天气不错，小默的心情也很好。她吃了自己最喜欢的早餐，工作了一整天，感觉一切都很顺利。快下班时，一个同事提醒她："小默，你的衬衫扣子好像扣错了。"她低头一看，果然如此——第一个扣子和第二个扣环扣在了一起，下面的扣子和扣环也全都错位了。

小默这才意识到自己穿了一整天错扣的衬衫。突如其来的尴尬让她心里七上八下："天哪，我怎么现在才发现？那岂不是全公司的人都看到了？完了，大家肯定都在笑我。"小默越想越觉得丢脸，心情一下子跌到了谷底。

回到家后，小默赶紧打电话向闺密小夏倾诉。小夏耐心地安慰她："这没什么大不了的，大家可能根本没注意到。"可不管小夏怎么说，小默还是难以平复心情。

第二天出门前，小默特意检查了自己的衬衫扣子，确认没问题后才放心去上班。可到了公司，她总觉得大家在偷偷观察她，看她今天有没有把扣子扣好。因为这件事，她一整天都心神不宁，甚至在处理 Excel 表格时，输错了一个关键数据，结果被领导批评了一顿。此时的小默更加郁闷,心想:这都是扣子惹的祸!

为了确认自己的担忧是不是多余的,她试探性地问旁边的同事:"我连衬衫扣子都能扣错一整天,是不是特别丢脸啊?"同事一脸困惑:"什么时候的事?我怎么没注意到?"她又问了另一个同事,结果对方也是一头雾水。小默一连问了好几个人,才发现原来大部分人根本不知道这件事。但正因为她的这个"调查",现在全部门的人都知道她昨天把扣子扣错了。

效应解锁

聚光灯效应——我们在自我观察的时候,会高估别人对自己的注意度,总觉得自己是人群中的焦点,一举一动都会受到别人的关注。但事实上,可能并没有那么多人注意到我们。

心理研究

心理学教授托马斯·吉洛维奇和肯尼思·萨维茨基做了一个有趣的实验,想看看人们是否真如自己所想的那样,总是处于他人视线组成的"聚光灯"下。

他们招募了一群大学生参与实验,让这些大学生穿上研究人员特意准备的、看起来有点儿滑稽的T恤衫。然后,研究人员引导他们走进一个房间,这个房间里已经坐了一些学生。在进入房间之前,研究人员问这些穿特别T恤衫的学生:"你觉得有多少人会注意到你的 T 恤衫?"大多数参与者都信心满满地认为,至少一半以上的人会注意到他们的特别装扮。

实验结果却出人意料。实际上,只有 23% 的人注意到了 T 恤衫上的图案,这个数字远低于参与者的预测。这个结果揭示了一个有趣的现象:我们往往会高估自己在他人眼中的存在感。

另一位研究者蒂莫西·劳森也进行了类似的实验。他让大学生穿上印有"美国之鹰"字样的运动衫去见同学。大约 40% 的参与者坚信同学们会记住他们衣服上的字。但事实上,只有 10% 的人真正记住了。更令人惊讶的是,大部分人甚至都没注意到对方中途离开几分钟再回来时已经换了一件衣服。

这两个实验都清楚地表明,我们实际上并没有自己想象中那么引人注目。

人际贴士

在人际交往中,我们有时会觉得自己始终处于舞台的中心,好像有一盏"聚光灯"专门为自己而设,所有人都在关注着我们。这种心理错觉容易让我们在社交场合中产生不必要的紧张和压力。

在"心事驿站"的故事中,小默发现自己的衬衫扣子扣错了,这个小错误让她非常紧张。因为她在意这个细节,就自然地认为别人也会注意到,并可能因此嘲笑她。这正是聚光灯效应作祟。实际上,她的担忧完全是多余的,同事们并没有像她想象的那样关注这件小事。

很多时候，我们可能都会感受到这种聚光灯效应。在餐厅吃饭时，不小心打翻了杯子，我们可能会觉得全餐厅的人都在看着自己；在会议上发言时，突然忘词或口误，我们可能会担心同事们因此私下议论我们。这些小小的失误在我们心中被放大，这很容易让我们感到难堪甚至自卑，导致我们在和别人交往时总是谨小慎微，反而拉远了彼此的距离。

聚光灯效应就像我们自导自演的一场戏，很多时候我们都是自己吓自己。当我们不再把注意力紧紧锁定在自己身上时，就会发现，每个人其实都有自己的烦恼和压力，别人不会时刻关注我们的小问题。这时，我们也就能更自然地融入与他人的互动中。

哪怕在社交场合中真的出糗了，我们也可以提醒自己："小心聚光灯效应，不用太在意，没那么多人会注意到我。"即使真的有人注意到了我们的小失误，也没什么大不了的。说不定，这个小失误还能产生仰巴脚效应，让大家觉得你挺有趣，从而更加喜欢你呢！

❋ **人际交往小 tip：**

大多数人并不像你以为的那样关注你的小失误。放轻松，学会自嘲和释然，反而能让你在人际交往中更舒心。

10 刺猬效应
有点儿分寸感，相处更自在

❤ 心事驿站

小卓今年回家过年，按照传统，他要跟着爸妈走亲访友。大年初二，他们一家人坐车来到了外婆家。

刚进院子，小卓就听到屋里传来热闹的笑声。原来，外婆家还来了一个亲戚，是小卓的长辈张姨。小卓对张姨并不熟悉，如果不是父母介绍，他甚至不知该怎么称呼对方。然而，张姨一见到小卓，就表现得异常亲切。

一进门，张姨就热情地拉起小卓的手，聊家长里短："小卓啊，听说你在读博士，平时很忙。你看你，长得这么帅气，找女朋友了吗？"小卓感到有些不好意思，腼腆地回答说自己还没有女朋友。

张姨听后，似乎更加来劲儿了，兴致勃勃地提出要帮小卓介绍对象："我给你介绍个女朋友怎么样？有没有喜欢的类型？我认识很多优秀的姑娘，保准有你喜欢的！"小卓感到有些不自在，连忙婉言拒绝了张姨的好意。

然而，张姨并没有停下来的意思，她见小卓对找女朋友不感兴趣，便开始给小卓介绍工作："我侄儿在我们镇上的一个大公司工作，收入很高。等你毕业了，我可以帮你介绍一下。那公司福利待遇可好了，而且离你家近，很方便！"

尽管张姨的提议可能是出于好意，但小卓却觉得浑身不自在。小卓的目光在房间里游移，他希望能找到借口离开。就在小卓不知如何是好的时候，外婆适时地端来了一盘香喷喷的饺子，打破了这尴尬的局面。"来，小卓，尝尝外婆包的饺子。"小卓如释重负，连忙借机溜到了餐桌旁，暗自松了一口气。

效应解锁

刺猬效应——在人际交往中，保持适当的距离可以让关系更加和谐。这个概念源自一则西方寓言：在寒冷的冬天，两只刺猬想要靠在一起取暖，但它们身上有刺，靠得太近会刺痛对方。于是，它们调整了自己的姿势，拉开了适当的距离，这样既能取暖又不会伤害到对方。

心理研究

心理学家发现，每个人都需要一定的"个人空间"。这个空间的大小会因周围人的数量、文化背景和个人性格等因素而变化。但不管怎样，我们只要清醒着，就会需要这样的空间。比如，在图书馆里，人们通常会保持一定的距离，不太愿意和不熟悉的人靠得太近。

为了更好地理解这种现象，心理学家南希·鲁索做了一个有趣的实验。她想看看，当一个陌生人在公共场合靠得太近时，人们会有什么反应。她选择了一个阅览室作为实验地点。在阅览室开门不久后，第一个读者进来坐下，研究人员便跟着进来，坐在这位读者旁边。类似的过程重复了80次。

结果发现，在空荡荡的阅览室里，没有一个读者能忍受陌生人紧挨着自己坐下。研究人员坐在他们旁边后，大多数人很快就会换到离研究人员更远的地方。有些人甚至对研究人员表现出敌意，直接问："你想干什么？"

心理学家罗伯特·索莫也进行了类似的实验。他选择的地点是公园，研究对象是在长椅上独自休息的人。他让一个陌生人坐在休息者旁边，两人之间的距离约15厘米。研究人员观察到，当休息者感觉个人空间被侵犯后，他们休息的时间明显缩短了。

人际贴士

当我们发现自己喜欢或欣赏某个人时，就会想迅速拉近关系，这是很正常的。但需要注意的是，关系的升温是一个渐进的过程。每个人都有自己的安全空间，我们需要尊重这种边界感。贸然越界可能会适得其反，让对方感到不适。

在"心事驿站"的故事中，小卓的亲戚张姨就少了点儿边界感。小卓之所以会感觉不舒服，是因为他与张姨并不熟，他们之间的社交距离还挺远。张姨突然的热情举动，如拉手、问私事等，其实已经超出了小卓的心理边界。而且，张姨的提问和提

第一篇 初相识

议,无论是介绍对象还是安排工作,都是小卓不太愿意与不熟悉的人分享的私人信息。张姨的过度关心和介入,难免会让他感觉不舒服。

人类学家爱德华·霍尔在《无声的语言》一书中,将人与人之间的空间距离划分为四个层次:亲密距离、个人距离、社交距离和公共距离。每个层次还有近和远两个范围。

亲密距离最近,两个人的身体可以紧挨着。这种距离只适用于关系特别亲密的人,比如伴侣之间、父母和孩子。如果陌生人离得太近,你可能会转移视线或背对着他们。比如,在挤电梯的时候,大家会尽量不看对方,避免眼神接触,保持距离。

个人距离适合朋友之间。近的范围是 0.45 到 0.76 米,可以握手,说话也方便。远一点儿的范围是 0.76 到 1.22 米,这是稍微远一点儿、可以交流而不产生身体接触的距离。较好朋友之间的距离会接近近端,普通朋友或陌生人之间则倾向于远端。

社交距离适用于正式场合,近的范围是 1.22 到 2.13 米,如商务谈判或接待客人。远一点儿的范围是 2.13 到 3.65 米,适合更正式、严肃的社交情境。

公共距离不适合普通交流,多用于演讲,近的范围是 3.65 到 7.62 米,远的范围是 7.62 米以上。这个距离需要说话大声点儿(一般都会配话筒),因为离得实在太远了。

在日常交往中,我们需要有点儿分寸感,要根据彼此的关系和所在的场合,保持合适的距离。这是对他人的尊重,会让彼此都感觉更自在。

10　刺猬效应——有点儿分寸感，相处更自在

❋ **人际交往小 tip：**

人与人之间的关系需要循序渐进地发展。我们应该尊重彼此的舒适区间，根据关系的远近和场合的性质来保持适当的距离。

11 表露互惠效应
分享秘密，关系升级

● 心事驿站

小夏最近放假了，在家闲得无聊，便想着找点事做打发时间。她随手下载了一个社交软件，想看看能不能遇到有趣的人聊聊天。没过多久，系统就给她配对了一个同城的男生。小夏点开对方的资料，照片看起来挺顺眼，简介也很正常，于是小夏抱着试试看的心态，开始和他聊天。

一开始，双方只是随意地聊了些无关痛痒的话题，气氛还算轻松。但没过多久，那个男生就开始接二连三地问起小夏的个人问题："你是哪里人？今年多大了？学什么专业？有没有对象啊？"小夏起初不以为意，耐心地一一回复，但很快就察觉到不对劲。她发现总是自己在回答问题，而对方却鲜少分享自己的信息。

终于，小夏忍不住了，直接问道："你能不能别这样查户口似的问来问去？"对方显然有些懵："我哪里查户口了？我又不是警察。""对，你不是警察，你就不要管那么多事儿。"说完，小夏果断将这个男生拉黑了，觉得他真是讨厌透了，像个没情商的"问题机器"。

过了一会儿，系统又给小夏配对了一个新的聊天对象。这次，对方一上来就简单介绍了自己的情况，显得真诚又有礼貌。小夏感觉与他聊天十分轻松，便也乐意分享关于自己的信息。

两人的交谈从普通话题开始，逐渐深入到能引起情感共鸣的话题。他们分享了各自的兴趣爱好、人生目标，甚至一些小烦恼。令小夏感到意外的是，自己竟然愿意向这个陌生人倾诉以前从未对人说过的心事。聊着聊着，两个人的感情逐渐升温。

效应解锁

表露互惠效应——在交流过程中，一个人的自我表露会引发对方的自我表露。换句话说，当一个人主动分享自己的想法、感受或经历时，往往会激发对方分享相应的内容。我们容易对那些向我们敞开心扉的人表露更多。

心理研究

自我表露是否有助于建立亲密关系呢？心理学家阿瑟·阿伦、伊莱恩·阿伦和他们的研究团队就这个问题做了一个有趣的实验。他们把一群互不相识的人分成两人一组，让他们进行大约45分钟的交流。

在前15分钟里，参与者聊的是一些比较轻松的话题，比如：

"你最近一次唱歌是什么时候？"接下来的15分钟，话题变得稍微深入一些，比如："你最珍贵的回忆是什么？"最后的15分钟，他们开始分享更加私密的感受，比如："你上一次在别人面前哭是什么时候？"

研究结果显示，那些在45分钟内逐渐分享更多私密信息的人，会感觉彼此更加亲近。相比之下，那些只是谈论一些普通话题的人，比如"你的高中生活怎么样"或者"你最喜欢的节日是什么"，则没有那么强的亲密感。更有趣的是，甚至有30%的人认为，这些交谈伙伴比他们生活中最亲密的朋友还要亲密。虽然这种亲近感可能不像多年好友的感情那样深厚，也不一定会发展成长期的关系，但这个实验却告诉我们，自我表露确实可以快速拉近人与人之间的距离。

自我表露是否也有助于维持亲密关系呢？心理学研究者理查德·斯莱彻对此进行了研究。他找来了86对情侣，并将其分为两组，每组43对。在实验组中，情侣中的一方需要在三天内，每天花20分钟写下对这段关系的深入思考和感受。而在控制组中，情侣中的一方则只需要记录日常活动。

研究发现，那些认真思考和写下感受的人，在接下来的时间里，更加频繁地向伴侣表达了感情。三个月后，实验组中有77%的情侣关系仍在持续，而控制组只有52%。

这两个实验表明，无论是建立关系还是维持关系，自我表露都能起到非常积极的作用。分享个人的感受和想法，不仅能让彼此更了解对方，还能增强情感联结。

🐻 人际贴士

表露互惠说白了就是要"交心"。交心到底交的是什么呢？不仅仅是"你来自哪里""你做什么工作"这些表面上的信息。真正能拉近彼此距离的，是分享自己内心的感受和情绪。当你愿意向对方透露一些平时不轻易公开的私密信息，而对方也愿意这样做时，双方才会开始建立信任和亲密感。

在"心事驿站"的故事中，小夏果断将第一个男生拉黑的原因就在于，他既不"表露"，也不"互惠"。他只是不断地问问题，却很少分享自己的信息。这种单向的提问，很容易让人觉得交流不对等，就像在进行一场"审问"。

相反，第二个男生一开始就简单介绍了自己，这种主动的分享让小夏感受到了对方的真诚。谁会不愿意和一个真诚又有故事的人交流呢？当两个人都愿意表露，也懂得倾听对方的时候，彼此的信任和亲密感自然而然就建立起来了。

表露需要注意节奏问题，进度不能太快。如果一个人只是不停地提问，什么也不表露，那肯定会让人感觉不舒服。反之，如果一个人刚认识你，就一股脑儿地把自己的所有经历和感受都倾诉出来，这又会让人感觉很有压力。此时，你的脑海中可能会出现好几个大大的问号："这人怎么回事？为什么要告诉我这么多？我要和他分享吗？"

互惠意味着双方需要有互动。一方面，当对方分享时，我们要有回应，表现出对对方的尊重和关心；另一方面，当我们分享时，也要给对方留出回应的空间，对话才能顺畅进行。平常聊天时，你一句我一句，才能让话题继续下去。交心的过程也是如此，你分享一个小秘密，我也会回以一个小秘密。这样，两个人的关系才会从普通朋友慢慢升级，变得越来越亲密。

❈ 人际交往小 tip：

　　真正的交心在于互相分享内心感受，而不仅仅是表面信息的交流。通过真诚地互惠分享，双方才能建立起信任和亲密感。

第二篇 长相处

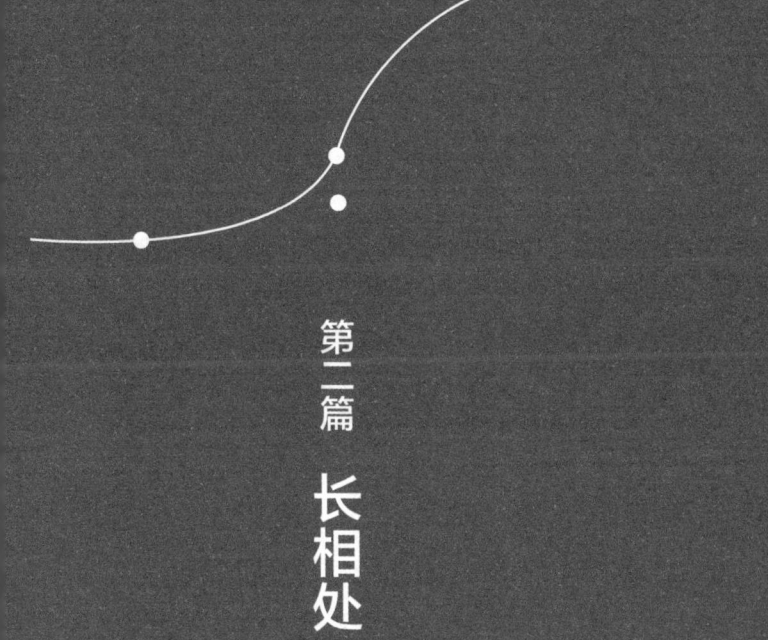

第 一 节

如何经营好一段关系

12 互惠规范
你来我往，关系才稳稳当当

● **心事驿站**

周一到了，小金快步走进办公室，径直走向自己的工位。坐下后，她立即打开电脑，开始查看日程安排。小金做事干练，工作能力强，但与同事交流不多。

与小金不同，小夏走进办公室时，会向遇到的同事打招呼，还不忘问问他们周末过得如何。虽然小夏的工作能力一般，但她性格开朗，人缘很好，能够与同事打成一片。

这天，小金和小夏被分配到同一个重要项目上。这是一个为重要客户开发新软件的项目，时间紧，任务重。在项目进行到一半时，她们遇到了一个棘手的技术问题。这个问题超出了她们的能力范围，需要其他部门的协助才能解决。小金主动去寻求帮助，结果却连连碰壁。她有些沮丧地回到自己的工位。

小夏注意到小金的表情，问道："怎么了？是不是遇到困难了？"小金叹了口气，简单地解释了一下遇到的问题。小夏听完后，安慰道："别担心，我去试试看。"在小夏的协调下，问题很快得到了解决，这让小金感到诧异。

为了赶项目，两人都加班到很晚。下班回家的路上，小金忍不住问小夏:"为什么同事们都那么愿意帮你?我去找他们的时候,他们都说没时间。"

小夏神秘一笑:"小金,你的工作能力很强,这点大家都知道。但是在职场中,除了能力,人际关系也很重要。"

她继续解释道:"我平时会给大家带些小零食,从老家回来时也会带些特产和大家分享。这些小事看似不起眼,但能让同事感受到我的善意和关心。当我需要帮助的时候,同事们自然会愿意帮帮我。"

小金听完,若有所思地点了点头,似乎有所领悟。

效应解锁

互惠规范——在社会交往中,当别人对我们好时,我们也会想要回报对方以善意。这种规范基于互惠原则,即人们期望在给予和接受之间保持一种平衡。

心理研究

心理学家丹尼斯·里甘的一项实验生动地展示了互惠规范的力量。他把参与者分成两组,并安排研究助手与他们一起完成任务。中途休息时,助手离开一会儿后返回。这里出现了关键的变量:其中一组,助手回来时给参与者带了一瓶饮料;而另一组,助手则空手而归。不久之后,助手向参与者提出一个请求:购买价值25美分的彩票。

12 互惠规范——你来我往,关系才稳稳当当

结果有意思的是,那些收到饮料的参与者平均每人购买了两张票,而没有收到饮料的参与者平均每人只购买了一张票。这个实验表明,人们倾向于对那些对自己好的人做出更积极的回应。即使是一瓶小小的饮料,也能激发人们回报的欲望,使他们更愿意接受后续的请求。

心理学研究者桑德拉·贝里和戴维·卡努斯进一步证实了互惠规范在实际应用中的效果。他们的实验聚焦于如何提高问卷调查的回收率,这在社会科学研究中是一个常见挑战。他们通过给医生报酬的方式,促使医生填写并寄回包含许多问题的问卷。

研究发现,如果在问卷中直接附上 20 美元的支票,78% 的医生会填写并寄回问卷。然而,如果告诉医生只有在填写并寄回问卷后才能获得 20 美元,则只有 66% 的医生会这样做。

这个实验不仅验证了互惠规范的有效性,还突出了"先给予"策略的重要性。当我们先付出一些东西时,无论是实物还是善意,都更容易增强他人的合作意愿。

🐻 人际贴士

在中国文化里,有一个现象叫作"欠人情"。为什么很多人不愿意欠人情?这是因为一旦欠下,就意味着未来要还,而且通常还的时候,还得比欠的人情多那么一点点。

这种"礼尚往来"的互惠现象在我们的日常生活中其实很常见。如果有人在你遇到困难时帮过你,你可能会格外记住这份恩

情，在未来有机会时，你会尽力回报对方；如果你收到了别人送的生日礼物，你可能会在对方生日时回赠一份同等价值或更好的礼物；如果朋友这次请你吃了一顿大餐，你可能会觉得下次应该轮到你来请客……

在"心事驿站"的故事中，小金虽然工作能力强，但与同事的交流不多，没有建立起互惠关系。因此，当遇到困难想要寻求帮助时，她难以得到同事的积极响应。

相比之下，小夏通过日常的小举动，如带零食、分享特产等，向同事们表达了善意和关心。这些行为虽然看似微不足道，却积累了人际关系的"情感账户"。所以，当小夏需要帮助时，同事们自然更乐意伸出援手。

为什么我们会有这种互惠倾向呢？进化心理学家认为，这可能已经成为我们遗传的一部分。在漫长的人类进化历程中，那些懂得合作的个体，比单打独斗的个体更容易生存下来。但是，如果一个人总是无条件地帮助他人，得不到任何回报，那他可能会被那些爱占便宜的人利用。因此，最理想的生存策略是我愿意帮助你，但我也期待你在未来能回报我。这种互惠合作的模式不仅让双方都能受益，也能让整个群体更加团结。

健康的人际关系应该是双向的。如果一方总是索取，而另一方总是付出，这种失衡的状态很容易让关系变得紧张。无论是同事、朋友、亲人还是恋人，关系中的双方都应该愿意为对方付出，同时也能坦然接受对方的帮助。这种双向的给予和接受，才能让彼此建立起深厚的联结与信任，使关系更加稳稳当当。

12 互惠规范——你来我往,关系才稳稳当当

❋ **人际交往小 tip:**

互惠互助是建立长久信任与联结的关键。它源于我们的进化本能,体现在日常生活中的"礼尚往来"中。

13 角色效应
穿上别人的鞋，去走走看

♥ 心事驿站

大学毕业已经两个月了，小杜的工作还没有着落。他每天刷着招聘网站，却总觉得没有适合自己的机会，心里越来越焦虑。房租、水电、吃饭，这些开销让他压力倍增。思来想去，他决定暂时回家住，省点儿钱，同时准备考研提高学历。

小杜刚回家时，父母还挺高兴。他们觉得孩子在外面奔波很辛苦，回家休息一下是应该的。但日子久了，他们也开始着急。父母每天下班回到家，看到小杜依旧窝在房间里，既不出去找工作，也不帮忙做家务，心里有些不是滋味。

这样的状态持续了几周，直到某天晚上，矛盾忽然爆发了。那天，全家人都在客厅休息。小杜正低头玩手机，妈妈看了他一眼，终于忍不住开口："小杜啊，你都大学毕业了，怎么还不去找个工作呢？"

小杜连忙解释："我找工作了，但一直没找到合适的。我在想，可能是我的学历还不够高，所以最近我在准备考研。我已经买了专业书，现在每天都在看书。我想报的学校听说竞争挺激烈的，我有点儿担心考不上。"他声音不大，语气里透着一丝无奈

13 角色效应——穿上别人的鞋，去走走看

和焦虑。

小杜爸爸一听，沉默了片刻，随后叹了口气："考研是不错，但你不能只盯着这一条路。你还可以试试考公务员，以及事业编。另外，你考教师资格证了吗？没有的话，也一并考一下。你得做'多手准备'，这样总能考上一个嘛。"

小杜一听，心里更乱了，站起来说道："我能考上一个就不错了，还'多手准备'？到时候一个都考不上怎么办？"说完，他气冲冲地回房，锁上门，不想再和父母沟通。

效应解锁

角色效应——人们在不同的社会情境或关系中扮演不同角色时，其行为、态度和心理状态会发生相应的变化。这意味着人们的行为、决策和思维方式不仅受个人特质的影响，还受到其所扮演的社会角色的影响。

心理研究

心理学家欧文·贾尼斯曾经进行过一个关于戒烟的实验，想探讨角色扮演是否可以帮助改变吸烟者的行为。他邀请了一些吸烟的女大学生参与这个实验，并让她们扮演肺癌患者的角色。

这些女大学生对自己扮演的角色特别投入。她们查看了自己"作为患者"的体检报告，模拟了与医生的谈话，想象自己在手术室外等待手术，甚至设身处地"体验"了手术带来的痛苦和焦

虑。这种沉浸式的角色扮演让她们产生了强烈的情绪波动，仿佛真的经历了肺癌患者所面对的种种挣扎和痛苦。

实验的结果非常显著。参与角色扮演的女大学生在实验前每天平均抽 24 支烟，已经属于"小烟鬼"了。然而，在参与角色扮演后，她们的吸烟量几乎立刻减少了一半，降到了每天不到 13 支。这一变化让研究者非常惊讶。

起初，研究者推测，这种变化可能只是暂时的。或许是因为角色扮演带来的强烈情绪冲击，这些女生意识到了肺癌的可怕，从而在短时间内降低了吸烟的欲望。为了检验这种效果是否持久，研究者决定在一年半后再次联系这些参与者。

当研究者跟进调查时，结果再次让他们感到意外。经过一年半的时间，参与角色扮演的女生不仅没有恢复到之前的吸烟水平，还进一步减少了吸烟量，平均每天抽 11 支烟。而作为对照组的那些女生（没有参与角色扮演），在同样的时间里，吸烟量几乎没有变化。

贾尼斯的研究展示了"角色扮演"作为一种干预手段的潜力。它让吸烟者从感性和理性两个层面都深刻认识到吸烟的危害，从而促使她们做出更健康的选择。这也启示我们，行为改变不仅需要理性的认识，还需要情感体验和换位思考。

人际贴士

为什么人与人交往时总会出现各种问题呢？一个重要的原因是，我们总觉得对方不理解自己，但很少主动去理解对方的立场

13 角色效应——穿上别人的鞋,去走走看

和感受。当我们学会站在对方的角度去看待问题时,许多看似复杂的矛盾都会变得简单许多。

在"心事驿站"的故事中,小杜和父母之间存在角色期望的冲突。从小杜的视角看,他正处在职业选择的迷茫期,需要时间和空间去思考未来的方向。然而,在父母看来,小杜应该尽快找到工作并自立,而不是一直留在家里思考未来。父母"多手准备"的建议,虽然出发点是好的,却无形中加重了小杜的心理负担,导致矛盾的爆发。

如何化解小杜和父母之间的矛盾呢?可以试试"穿上对方的鞋",也就是换位思考。比如,小杜可以鼓励父母学点儿新东西,可以是他们感兴趣的任何事情。等他们开始学一样东西后,再让他们尝试第二样、第三样。通过这种体验,父母可能会更直观地感受到同时准备多项任务的难度。这样一来,不需要小杜多解释,他们便能意识到建议小杜同时准备几门重要的考试多么不切实际。

反过来也是如此。我们时常抱怨父母不懂我们,但我们什么时候才能理解父母呢?通常,只有当我们自己长大成人,特别是有了孩子、成了父母之后,才会逐渐意识到父母当年那些言行背后的苦心。小杜现在可能不太理解父母为何催促他找工作,因为他尚未踏入社会,无法体会到父母养家糊口的辛苦。父母不仅要面对生活中的各种琐事,还要担心孩子的未来,肩负着更大的责任和压力。如果小杜能够换位思考,从父母的角度看问题,他可能会对父母的行为有更多的理解和包容。

小杜家的矛盾其实并不算严重,只要多一些沟通和理解,问

题是完全可以解决的。当家庭中的矛盾比较棘手时，我们可以考虑寻求专业的帮助，比如家庭治疗。在家庭治疗中，"角色扮演"是一种有效的方法。

在心理治疗师的指导下，家庭成员可以互换角色，模拟日常生活中的对话或冲突场景。角色扮演的好处在于，它让我们有机会跳出自己的思维框架，去感受自己的行为对他人的影响。这不仅有助于我们看到问题的另一面，也能帮助我们找到更温和、更有效的沟通方式，增进彼此的理解和信任。

角色扮演不仅在家庭治疗中有效，在日常的人际交往中也同样适用。如果你觉得自己在处理人际关系时有些力不从心，比如不太会表达情感或控制情绪，那么你也可以尝试角色扮演。

你还可以找一些在人际交往方面的榜样，去观察他们是如何与别人互动的。这个人可以是你身边的朋友、家人、同事，也可以是某个你欣赏的公众人物。当你遇到难以应对的情况时，试着想象：如果是他遇到这个问题，他会怎么做？通过模仿和学习榜样的行为，你可以逐步掌握更好的处理方法，更好地维护和经营你的人际关系。

> ❋ **人际交往小 tip：**
>
> 人际交往中的许多问题，常常源于我们渴望被理解，却很少主动去理解别人。通过角色扮演，尝试站在对方的角度思考问题，许多矛盾会更易化解。

14 罗森塔尔效应
你期待的，终将成为现实

❤ **心事驿站**

多年前，小默还在上高中。放学铃声一响，同学们纷纷忙着收拾书包，准备回家，而小默却仍趴在书桌上，神情恍惚，没有一点儿要离开的意思。期中考试的成绩公布了，她的成绩不太理想，这让她感觉有些沮丧。

小默的父母总是喜欢拿她和别人家的孩子比较："你看看人家谁谁谁，成绩多好。""别人家的孩子多懂事……"每次听到这样的比较，小默都觉得自己很差劲，心里充满了自卑感。

拖着沉重的步伐回到家，小默战战兢兢地把成绩单递给父母。果不其然，父母看到成绩后立刻变了脸色。

"你看看人家小卓，又考了班级第一！他将来肯定能上个好大学。"父亲的声音里充满了失望，"再看看你，我们花了那么多钱让你上补习班，成绩还是老样子，真是不争气。照这样下去，大学恐怕都考不上！"母亲也跟着附和："就是啊，你说你怎么就不能像小卓那样用功呢？整天就知道玩手机，学习一点儿都不上心。"

小默低着头，一言不发。她心里既愧疚又委屈，眼泪在眼眶里打转。她多么希望父母能鼓励一下她,而不是总否定她。

小默有时候很羡慕小卓,因为他的父母从来不会逼他去上补习班,更不会训斥他。每次小卓表现好一点儿,他的父母都会夸他。在父母的鼓励下,小卓变得越来越自信和阳光。相比之下,小默却在父母的批评下变得很自卑和胆怯。

其实,小默和小卓在高中之前成绩差不多,但由于父母的教育方式不同,两人现在的差距越来越大。

效应解锁

罗森塔尔效应——当你对别人抱有某种期待时,这种期待会在不知不觉中影响对方,并促使这种期待成为现实。

该效应也被叫作"皮格马利翁效应",这个名字源于古希腊的一个神话故事。故事里,皮格马利翁是塞浦路斯岛上的一个国王,同时也是个出色的雕塑家。他精心雕刻了一位美丽动人的少女,并深深地爱上了这个少女。他日夜期盼着雕像少女能成为他的妻子。于是,他就向爱神阿佛洛狄忒祈求,让这个雕像变成真人。爱神被他的真诚打动,让他的美好期待变成了现实。

心理研究

心理学家罗伯特·罗森塔尔做过一个非常有趣的实验,想看看人对小老鼠抱有不同的期待,会不会影响小老鼠的行为表现。他将一些小老鼠随机分成两组,分别交给两位实验员,让实验员

14 罗森塔尔效应——你期待的,终将成为现实

训练它们走迷宫。罗森塔尔告诉其中一位实验员,他这一组的小老鼠经过筛选,非常"聪明";又告诉另一位实验员,他那组的小老鼠比较"笨"。

一段时间后,罗森塔尔把小老鼠们放进迷宫进行测试。结果很有意思,那些被实验员认为"聪明"的小老鼠表现得确实更机灵,完成任务的速度也更快,而被认为"笨"的小老鼠则表现得逊色不少。实际上,这些小老鼠并没有智力差异,真正导致它们表现差异的,是实验员对它们的不同期待。认为小老鼠"聪明"的实验员可能在训练中更耐心,更鼓励小老鼠尝试,而认为小老鼠"笨"的实验员则可能更急躁,给予的帮助和鼓励也更少,这最终影响了小老鼠的表现。

人对小老鼠抱有不同的期待,会影响小老鼠的表现。那么,如果这种期待是针对人呢?会不会产生类似的效果?

带着这个问题,罗森塔尔将实验思路应用到了学校。他和助手们来到一所小学,声称要进行一项关于"未来发展趋势"的测试。他们从一到六年级各挑选了3个班级,对这18个班的学生进行所谓的测试。随后,罗森塔尔将一份"最有发展潜力"学生名单交给校长和老师,并特别强调要保密,以免影响实验结果。但实际上,名单上的学生都是罗森塔尔随机选取的,并不是真正通过测试筛选出来的。

八个月后,罗森塔尔和助手们再次回到这所学校,对学生们进行了复测。有意思的事情发生了,那些被选入"最有发展潜力"名单的学生在学习成绩、自信心、课堂表现等各个方面都有

显著提高。相比其他学生，他们对学习的兴趣更浓厚，成绩进步更大，性格也变得更加外向开朗。即使这些学生最初并没有什么特别突出的地方，经过这段时间，他们也确实在老师的眼中"变得优秀"了。

为什么这些学生的表现会发生如此大的变化呢？这正是因为老师对他们的期待发生了改变。老师们被告知这些学生"有潜力"，因此在日常教学中对这些学生给予了更多的期待和鼓励。而这种期待和鼓励，潜移默化地影响了学生的心理和行为，最终使他们真的朝着"优秀"的方向发展。

🐯 人际贴士

罗森塔尔效应不仅在学校教育中有所体现，在父母的养育过程中也能产生。如果父母坚信自己的孩子有潜力、能够成功，孩子往往会在这种信任和鼓励的氛围中变得越来越优秀。反之，如果父母总是认为孩子"不行"，孩子很可能会在这种负面的期望中逐渐失去信心，最终真的变成父母眼中的"失败者"。

可惜的是，很多父母并没有意识到，这种"期望"的力量可以深刻影响一个人的成长轨迹和人生发展。当一个孩子在批评和否定中长大，内心充满了自卑感，长大后一事无成时，有些父母还会觉得自己"早就看透了这一切"，甚至继续打压孩子："从你小的时候起，我就觉得你不行，你看，现在果然没出息！"然而，事实是，这种负面的"预言实现"很可能是父母自己在不知不觉

14 罗森塔尔效应——你期待的，终将成为现实

中促成的。

在"心事驿站"的故事中，小默的情况就是一个典型的例子。她的父母总是批评她，不仅对她的表现不满意，还对她的未来期望非常低。在这样的环境中，小默也开始否定自己，给自己贴上了"失败者"的标签。她变得自卑和胆怯，学习上也没有动力，成绩因此一路下滑。

反观小卓，他的父母采取了完全不同的教育方式。他们总是夸奖小卓，认可他的努力，传递给他"你很棒，你可以做到"的积极信号。这种正面的期望增强了小卓的自信心，让他相信自己有能力处理好各种事情，从而变得越来越出色。

在人际交往中，无论是对家人、朋友、同事还是恋人，如果我们抱有积极的期望，相信他们能够展现出好的品质和行为，这种正向的期待往往能带来意想不到的好结果。

举个简单的例子。假如你的伴侣亲自下厨为你准备了一大桌子菜，你尝了尝，感觉味道一般。这时候你该怎么办？当然不是挑剔，而是要多夸夸对方做得好的地方。你可以说："哇，这道菜很有创意，没想到这两样食材还能这么搭配在一起，挺特别的！"或者说："这肉真香！你这手艺以后肯定能成为大厨！"即便整桌菜都比较平常，你仍然可以夸伴侣的用心和努力，提供一些情绪价值："能吃到你亲手做的菜，我真的太幸福了！"当你能看到对方好的一面时，对方自然更愿意为你展现出更好的一面。这样，对方的厨艺可能真的会变得越来越好。

除了夸别人，我们也要肯定自己。如果生活中没有人为你提

供积极的期待,那么请你先成为自己的"罗森塔尔",时常给自己加油打气。遇到挑战时,如果你总是觉得自己不行,那可能真的很难成功。但如果你觉得自己能行,只不过需要多尝试、多锻炼、多积累,慢慢地,你就会变得越来越好!

> **❋ 人际交往小 tip:**
>
> 　　我们对自己和他人的期望就像一颗种子,种下什么,就会收获什么。积极的期望会带来美好的结果,而消极的否定会束缚成长,阻碍关系发展。

15 赫洛克效应
给点儿反馈吧,批评也比没有强

● **心事驿站**

阿泽和小杜是室友,两人的性格截然不同。阿泽性格开朗,喜欢结交朋友;小杜安静内向,常常独自一人。每当周末休息时,阿泽总能看到小杜独自坐在自己的书桌旁,低头看书或发呆,显得有些孤单。

出于好奇和善意,阿泽决定主动接近小杜。一天晚上回到寝室,阿泽看到小杜在看书,便走到小杜身后,轻轻拍了拍他的肩膀:"嘿,小杜,你在看什么呢?"

小杜回过头,略显惊讶地看着阿泽,犹豫了一下才回答:"哦,我在看一本科幻小说《三体》,你看过吗?"阿泽摇摇头,笑着说:"没看过,不过听起来很有意思!能给我讲讲吗?"小杜见阿泽对这本书很感兴趣,便绘声绘色地讲了起来。阿泽听得入迷了,他发现小杜是一个内心世界很丰富的人,更坚定了和他成为朋友的想法。

一天,阿泽回到寝室取东西,发现寝室里只有自己一人。他不经意瞥见小杜的书桌上放着那本《三体》,为了能和小杜有共同话题,他想认真读一下这本书,于是顺手拿起它带到了图书馆。小杜回寝室后,发现书不见了,非常焦急。直到当晚阿泽再回寝室,小杜才知道书是被阿泽拿走了。虽然他对阿泽不打招呼就拿自己的东西感到非常不满,但想了想,感觉不是什么大事,就什么都没说。诸如此类的小事经常会发生。

虽然两人都非常珍惜这段友情,但因为性格上的不同,分歧变得越来越多。比如,阿泽每次去找小杜时,总喜欢用手突然勾住他的脖子,以示亲近。这让小杜很不舒服,他很不喜欢这种方式,但没有表达出来,而是选择了默默忍受。时间久了,不满的情绪便越积越多。

有一次,阿泽又看见小杜在看《三体》,便像往常一样,从小杜身后勾住他的脖子,顺手把《三体》从他的手中抽了出来。小杜再也无法忍受了,猛然起身,大声呵斥阿泽:"你有病吧!"于是,两人吵了起来。

从此之后,两人的关系逐渐疏远。小杜不知道该如何与阿泽相处,阿泽也对那天的吵架十分困惑,但两人都没有再谈过这件事情。大学毕业后,两个人渐渐失去了联系。

效应解锁

赫洛克效应——在人际交往中,适当表扬的效果明显优于批评,而批评的效果又比没有任何评价要好。该效应强调反馈的重要性,所以又叫作"反馈效应"。简单来说,就是正面反馈比负面反馈好,负面反馈比没有反馈强。

15 赫洛克效应——给点儿反馈吧,批评也比没有强

◉ 心理研究

心理学家伊丽莎白·赫洛克设计了一个巧妙的实验,发现了"反馈"的重要性。她把106名四、五年级的学生分成四个小组,每个小组的学习能力都差不多。这些学生要连续五天,每天花15分钟做加法练习题。每个小组的题目难度都一样,但反馈情况不一样。

第一组是受表扬组,每次练习后,不管成绩如何,都会得到表扬和鼓励。

第二组是受训斥组,每次练习后,不管成绩如何,都会受到批评和指责。

第三组是静听组,他们练习后,既不会得到表扬,也不会受到批评,只是听着别的组被表扬或批评。

第四组是控制组,他们自己练习,不和别的组接触。练习完后,没有人告诉他们做得怎么样。

在所有的练习结束后,四组学生的测试成绩出现了明显的差异:受表扬组的成绩最好,从11.5分提高到了20分;受训斥组的成绩也有所上升,从11.5分提高到了13.5分;静听组的成绩保持在11.5分,没有发生变化。

这个实验最重要的一个发现是,没有得到任何反馈的控制组的成绩不增反降,是这四个组里表现最差的。这说明,我们的行为需要得到别人的反馈,批评也比没有反馈强。

第二篇 长相处

🐻 人际贴士

在人际交往中，有两种类型的关系往往显得格外紧密。一种是"互夸型"，彼此经常给予对方积极的评价，无论对方做什么，都会关注和支持。这种关系常常让人感到温暖，令人羡慕。

另一种就是"互损型"，双方经常互相调侃、打趣，有时甚至会刻意"挑刺"。像一些老夫老妻，他们平时并不怎么夸对方，反而总是说对方这不好、那不好，两个人在一起就像冤家对头。这类关系看似充满了冲突，但双方的内心深处却充满了信任和依赖。

两个人交往最怕的是什么？是闷声不吭，没交流，没反馈。在长期的关系中，缺乏反馈，容易给关系带来隐患。

在"心事驿站"的故事中，阿泽没有意识到自己的某些行为会让小杜感到不舒服，而小杜因为害怕影响两人之间的友谊，在许多问题上选择了隐忍，压抑自己的感受。然而，长期的隐忍，不给予任何反馈，并没有让问题消失，反而让小杜的情绪不断积累，最终导致了两人关系的紧张。

生活中，我们常常也会遇到类似的情况。有时候，朋友或家人的无心之举让我们感到不快，但因为怕伤和气，我们就不吭声，把不痛快的感受都憋在心里。然而，这种选择其实是把问题"藏起来"，并没有真正解决它。对方可能根本意识不到自己的行为对你产生了负面影响，甚至可能会继续这样做。时间久了，你积累的负面情绪可能会在某个时刻因为一件小事而爆发，那时，想要挽回关系就变得困难了。

所以,我们要学会及时给予对方反馈。无论是正面的表扬,还是负面的批评,其实都在表达你对对方的关注和在意。虽然指出对方的问题会让人感到不适,但如果我们什么都不说,关系中的问题就会像滚雪球一样越积越多。

> **❋ 人际交往小 tip:**
>
> 无论是"互夸"的支持,还是"互损"的默契,都是在用不同的方式表达"我在意你"。沉默和隐忍只会让小事变大,遇事沟通才能让大事化小。

16 阿伦森效应
三分钟热度，不如细水长流

❤ 心事驿站

小韩和小羽是在朋友组织的聚会上认识的。那天，在热闹的气氛中，小韩一眼就注意到了小羽，对她一见钟情。

聚会结束后，小韩通过朋友要到小羽的联系方式，对她展开了热烈的追求。他每天都会找各种机会和小羽聊天，早晚问候、关心心情、分享生活趣事……只要小羽发消息，他基本都是瞬间回复，生怕错过任何与她交流的机会。

每个重要节日，小韩都会绞尽脑汁给小羽准备惊喜。小羽生日时，小韩会陪她去看心心念念的演唱会；跨年夜时，他会精心准备一顿烛光晚餐。假期还没到，小韩就已经做好了旅游攻略，期待和小羽"打卡"各个热门景点。有一次，小羽身体不舒服，小韩二话不说就请假去照顾她。

终于，小羽被小韩的用心和体贴打动了，两人正式确定了恋爱关系，坠入爱河。恋爱初期，小韩总是变着法子哄小羽开心，甜言蜜语张口就来。两人如胶似漆，朋友看了都羡慕不已。

热恋期过后，小韩不再像从前那样时刻围绕在小羽身边。小羽早上发的消息，有时候要过大半天才能等来小韩的回复。

16　阿伦森效应——三分钟热度，不如细水长流

节假日，小韩也很少再主动策划各种活动，而是等着小羽安排行程。

小羽敏锐地察觉到了这些变化，心里难免失落。她开始怀疑，小韩是不是不再像以前那样在乎她了。每当他们因为这些问题争吵时，小羽总是忍不住质问小韩："你以前对我那么好，现在怎么不一样了？你是不是不喜欢我了？"

事实上，小韩依然很喜欢小羽，也期待与小羽长久地走下去。但在追求小羽时，他用力过猛，和现在的表现形成了鲜明的对比，这才让小羽感觉落差比较大。

🔒 效应解锁

阿伦森效应——我们对别人的喜欢程度，不仅和别人有多喜欢我们有关，还和他们对我们的态度是变好还是变差有关。比起一开始表现得非常亲密，但后来逐渐忽视我们的人，我们更容易喜欢那些随着时间推移，对我们越来越好的人。

👁 心理研究

心理学家埃利奥特·阿伦森设计过一个有趣的实验。他让参与者与一位"合作伙伴"（实际上是实验助手）一起完成任务。每次任务结束后，参与者都会听到合作伙伴对他们的评价。

实验设置了四种不同的情境：

（1）始终肯定情境：无论参与者怎么表现，合作伙伴都会给

予好评，持续称赞他们；

（2）始终否定情境：不管参与者怎么做，合作伙伴总是批评他们，给他们很差的评价；

（3）逐渐好转情境：一开始，合作伙伴对参与者给出差评，但之后评价逐渐变好，最终和第一组的好评程度相同；

（4）逐渐变差情境：一开始，合作伙伴对参与者给出好评，但之后评价逐渐变差，最终和第二组的差评程度相同。

之后，研究人员会问这些参与者，他们有多喜欢这个合作伙伴。

实验结果很有意思。参与者最喜欢的是那个一开始否定他们，但最后变成肯定他们的合作伙伴，这种喜欢程度甚至超过了对那个一直给他们好评的合作伙伴。而他们最不喜欢的，则是那些一开始肯定他们，但后来逐渐转为否定的人，这种不喜欢程度甚至超过了对那些始终给予差评的合作伙伴。

人际贴士

阿伦森效应提醒我们，在人际关系中，"细水长流"往往比"三分钟热度"更能赢得长久的喜爱。无论是在爱情、友情还是工作关系中，保持稳定或逐渐增加的正面互动，都比一时的热情更能长久地维持关系。

在"心事驿站"的故事中，小韩在追求小羽时表现得极为热情和细心，几乎可以说是无微不至。这使得小羽对这段关系的期待值很高，认为这就是他们关系的常态。然而，进入恋爱关系后，小韩的热情逐渐减退，行为发生了明显变化，以至于小羽感觉关系不再像以前那样美好。

小羽之所以感到失落，并不是因为小韩对她不好，而是因为他从"非常好"变成了"还不错"。这种"失"的感受往往比一开始就没有得到过热情更让人失望。对小羽来说，小韩不再像以前那样主动和细心，她自然会觉得"他不再像以前那样爱我了"，从而产生失落和怀疑。

在婚姻关系中，阿伦森效应更为常见，心理学家甚至戏称其为"对婚姻不忠定律"。这个说法虽然有点儿夸张，但也反映了一个普遍现象。为什么会这样呢？因为爱情容易让人一时冲动，但人生那么长，我们不可能一直保持热恋状态。这意味着在婚姻中，双方对彼此的好感会慢慢减少，评价也会逐渐降低。如果此时婚姻中的一方遇到了一个有吸引力的异性，很可能就会想要结束原来的婚姻，去追求新的幸福。

如何避免这种情况呢？让恋情循序渐进地发展，这确实不容易。但我们可以注意，不要突然减少对对方的关心。随着感情逐渐变得平淡，我们可以时不时地给生活增添一些浪漫，比如在纪念日时送个小礼物，经常夸夸对方。每个人都喜欢被夸奖，希望拥有积极情绪。如果我们不想让感情变得平淡无味，就要学会创造乐趣。只有这样，才能真正打破"对婚姻不忠定律"，彼此携手，共度一生。

❋ **人际交往小 tip：**

　　持续的关心和正面互动比一时的热情更能维持长久的关系。想要避免感情走向终点，可以在生活中增添一些小浪漫，避免突然减少对对方的关怀。

17 依恋
你了解我的过去，就会更懂我的现在

◆ 心事驿站

小杜和小冉是一对情侣。刚开始交往时，他们对彼此的印象都很不错，相处也很愉快。然而，在一起久了，他们经常会因为一些琐碎的小事发生争吵。

这天，小冉突然感到肠胃不适，想去医院做个检查。她赶紧给小杜发微信："亲爱的，我今天肚子有点儿不舒服，想去医院看看。你工作挺忙的，就别陪我了，我自己去就行。"

小杜当天确实很忙，看到小冉的消息时，正在参加一场重要的会议。见小冉这么说，他觉得小冉真是善解人意，没有细想，便同意了小冉的建议。会议一结束，小杜赶紧给小冉打电话，想了解她在医院的情况。

电话那头，小冉的语气比较冷淡："我已经看完医生了，不用你操心。"

小杜一头雾水："你是因为我没陪你去，在生我的气吗？可是，你不是说不用我陪你吗？我以为……"话还没说完，小冉就爆发了："我去医院你都不陪我，那以后我去哪儿你都不用管了！你也别再给我打电话！"说完，她便挂断了电话。

小杜彻底懵了,他不明白事情怎么会变成这样。"难道是我做错了?"他自言自语道,"算了,先冷静一下吧,等她气消了再说。"

过了两小时,小冉给小杜打来电话,语气有点冲:"你还真不给我打电话!你是不是没那么爱我?你要是不爱我,咱们就分!"小杜一时冲动答应了分手,小冉反而闹得更厉害了。小杜觉得很崩溃,他感觉完全摸不透小冉的心思。

效应解锁

依恋——个体与主要抚养者发展出的一种特殊的情感联结。依恋不仅限于婴儿期,它能在人生的各个阶段存在和发展,成为人与人之间深厚情感联系的基础。

心理研究

说到依恋,就不得不提心理学家玛丽·安斯沃思设计的"陌生情境实验"。这个实验为理解人类早期的依恋关系奠定了基础。该实验通常适用于12~18个月大的婴儿,过程大约持续20分钟,分为三个步骤。

第一步:妈妈和婴儿进入一个陌生的游戏室。研究人员观察婴儿是否把妈妈当作"安全基地",能够安心地探索和玩玩具。

第二步:妈妈离开游戏室。研究人员观察婴儿的反应,判断其是否有分离焦虑。

第三步：妈妈回到游戏室，安抚婴儿。研究人员观察婴儿与妈妈重聚时的行为。

根据婴儿在不同情境下的行为反应，安斯沃思将婴儿的依恋分为三类：

安全型依恋：当妈妈在场时，这类婴儿能安心玩耍。他们偶尔会和妈妈互动，但不会黏着她。妈妈离开时，他们会有些不安，但妈妈回来后，他们很快就能被安抚下来，继续玩耍。这类婴儿大约占65%～70%。

回避型依恋：这类婴儿对妈妈在不在场都无所谓。妈妈离开时，他们不会特别难过，也不会表现出紧张或不安。妈妈回来时，婴儿也不太理会，自己玩自己的。有时婴儿也会欢迎妈妈回来，但与妈妈接近一下，很快就走开了，继续自己玩耍。这类婴儿大约占20%。

矛盾型依恋（也叫"反抗型依恋"或"焦虑型依恋"）：这类婴儿在妈妈离开前就变得焦虑，在妈妈离开后会非常难过，大哭大闹。妈妈回来时，他们的反应很矛盾，既想靠近妈妈，又会有些抗拒，比如被妈妈抱时，他们会生气地推开妈妈。这类婴儿大约占10%～15%。

研究发现，和不安全型（回避型、矛盾型）依恋的婴儿相比，安全型依恋的婴儿长大后更容易建立高质量的友谊，发生冲突的情况也更少。在上学后，他们也不太容易出现行为问题。而不安全型依恋的婴儿，可能更容易出现情绪或行为上的问题。这种依恋关系甚至可能影响他们成年后的情绪状态和恋爱关系。

关于依恋关系，还有一个值得一提的现象，叫"依恋模式的代际传递"。心理学研究者通过访谈发现，人们的父母或照顾者早期对待他们的方式，会影响他们长大后怎么对待自己的孩子。

那些在小时候和父母建立了安全型依恋关系的人，长大后更能理解孩子的需求，帮助孩子建立安全感。而那些对自己过去的依恋关系感到不满的人，往往会对孩子表现出愤怒或强迫。还有一些人不愿面对自己过去的依恋经历，他们往往会对自己的孩子表现得冷漠无情，反应迟钝。

但好消息是，这种不安全型依恋的循环是可以打破的。研究表明，通过训练和干预，不安全型依恋的父母可以变得更加敏感，从而改善与孩子的关系。

🐾 人际贴士

为什么有些人在亲密关系中会感觉轻松自在，而有些人却总是患得患失，难以维持一段长久的关系？除了学识、性格等因素外，还可能是因为我们的依恋类型不同。心理学研究发现，依恋类型不仅影响我们如何与他人互动，还能准确地预测关系的质量和稳定性。

你是否好奇自己属于哪种依恋类型？接下来，让我们做一个简单的小测试。请你花一分钟的时间，阅读以下三段话，并根据你的直觉，选择最符合你的那一项。

A. 我觉得与他人亲近是一件比较容易的事。我可以自在地

17 依恋——你了解我的过去，就会更懂我的现在

依赖他人，也不会经常担心被抛弃或者有人过分亲近我。

B. 我对与他人亲近感到有些不自在。我发现自己很难完全信任他人，也很难让自己依赖他人。当有人试图靠得太近时，我会感到紧张。虽然我的伴侣常常希望我能更亲近一些，但这种亲近会让我感到不舒服。

C. 我感觉其他人并不像我希望的那样亲近我。我经常担心我的伴侣是否真的爱我，或者是否愿意和我在一起。我渴望与伴侣建立亲密关系，但有时这种渴望反而会把对方吓跑。

根据你的选择，我们可以大致判断你的依恋类型：如果你选择了A，那么你大概率属于安全型依恋；如果你选择了B，那么你有可能属于回避型依恋；如果你选择了C，则有可能属于矛盾型依恋。

安全型依恋的人在亲密关系中通常会感到安心和自在，能够适度地依赖伴侣，也能保持自己的独立性。回避型依恋的人往往喜欢与人保持距离，对情感表达较为克制，害怕被拒绝，难以完全信任或依赖伴侣。矛盾型依恋的人对亲密关系充满不安，过度渴望亲近和关注，同时又担心被抛弃。这种矛盾的心理状态使他们在关系中表现得情绪化、需求度高，有时会表现出黏人或控制欲强的行为。

在"心事驿站"的故事中，小冉的行为可能和"矛盾型依恋"有关。由于内心缺乏足够的安全感，她总是通过各种"测试"来折腾小杜，试图确认自己是否真的被爱。这种行为模式虽然是出于对关系的重视，但往往会给伴侣带来压力。如果小杜希望能与

第二篇 长相处

小冉长久地走下去,可能需要更多的耐心和理解,帮助小冉建立安全感。

每个人的依恋类型都与早期的成长经历有关。通过测试,我们可以大致了解自己的依恋类型是否健康。本文中的一分钟小测试只是提供一个粗略的参考,不要轻易"对号入座"。如果你想更全面、准确地了解自己的依恋类型,建议尝试更专业的心理测试工具,比如吴薇莉等学者修订的成人依恋量表(AAS)。这个量表的可信度较高,可以在网上找到相关资源。

如果我们发现自己属于不安全型依恋,也不必过于紧张。虽然早期经历对我们的依恋类型有重要影响,但它并非终生不变。随着人生阅历的增加和自我的成长,我们的依恋类型是可以逐渐调整的。特别是当我们遇到积极的人际关系时,不安全型依恋可能会慢慢向安全型依恋转变。

不管你属于哪种依恋类型,重要的是要明白,没有谁能够完全符合我们的期待,也没有一段关系是永远没有摩擦的。学会接纳关系中的不完美,理解自己和伴侣的局限性,才能在关系中走得更长远。

> ❋ **人际交往小 tip:**
>
> 依恋类型会影响我们在亲密关系中的互动,它受早期经历影响,但并非一成不变。理解自己的依恋类型,我们可以更好地认识自己,改善关系。

第二节

如何避免人际冲突

18 达克效应
智者，不与"懂王"论短长

❤ 心事驿站

小卓现在是一名人工智能专业的博士生，年纪轻轻就在这个领域颇有建树。小卓平时为人谦虚低调，但骨子里也有些较真，特别是在专业问题上。

这天，小卓应邀参加发小老王组织的聚会。老王还带来了几个新朋友，大家在一家烤肉店欢聚。其中有个叫小扬的，是个科技爱好者，平时喜欢玩各种人工智能应用，自认为对人工智能有些了解。

小扬听说小卓是人工智能专业的博士生后，眼睛一亮，立马凑了过来："哎呀，太巧了！我最近正迷人工智能呢，咱俩得好好聊聊！"小卓礼貌地点点头，两人就这样聊了起来。

一开始气氛还不错，小扬兴致勃勃地分享自己使用人工智能应用的经历，小卓也耐心地解答他的一些疑问。

然而，当谈到小卓的研究方向时，小扬突然皱起眉头："你选的这个 A 方向不行啊，我觉得没什么前景。要我说，你应该转向 B 方向，那才是未来！"

小卓心里"咯噔"一下，他知道小扬并不了解人工智能领域的复杂性，更别说对未来发展做出判断了。但为了不破坏聚会气氛，小卓还是耐着性子给小扬解释。

没想到，小扬听完不但没被说服，还更加自信地反驳起来。眼看对方毫无根据地坚持错误观点，小卓心中有些不悦，忍不住提高了声音："你根本就不懂人工智能，怎么能这么武断？"

小扬也不甘示弱："我怎么不懂了？你别以为读个博士就了不起！"

两人激烈争论，语气越来越冲。老王等人连忙上前劝阻，但无济于事。最后，这场本该轻松愉快的聚会在一片尴尬中草草收场。

◉ 效应解锁

达克效应——一种认知偏差现象。具体来说，那些实际能力不强的人，往往不能准确认识到自己的不足，会高估自己的能力，同时低估别人的能力。而那些真正能力强的人，通常会对自己的能力有比较客观的评价，有时甚至会低估自己的能力水平。

这个效应由美国心理学家戴维·邓宁和贾斯廷·克鲁格在1999年首次提出，并因他们共同发表的论文《论无法正确认识能力不足如何导致过高自我评价》而获得广泛关注。因为这项研究，他们还获得了2000年的"搞笑诺贝尔奖心理学奖"。

◉ 心理研究

邓宁和克鲁格进行了一系列有趣的研究，涵盖了幽默感、语法和逻辑能力测验。在幽默感测验中，研究人员会向参与者展示一些笑话，并要求他们对每个笑话的幽默程度进行评分，评分范围从 1 到 11，1 表示一点儿也不好笑，11 表示非常好笑。之后，参与者还需要将自己的评估能力与同龄人的评估能力进行比较，并给出自己的百分位排名。排名 0 表示评估能力最差，99 表示评估能力最好。

  为了确保评价标准的有效性，研究人员事先联系了几名专业的喜剧演员，请他们对那些笑话进行评分。这些喜剧演员使用的评分量表与参与者的完全一致。通过比较每个参与者的评分和专家小组的评分，研究人员就能判断出参与者发现幽默的能力。

  研究发现，大多数参与者都高估了自己识别幽默的能力。特别是得分最低的那 25% 的参与者，他们对自己的评价过高。尽管他们的实际表现只排在第 12 百分位，但他们认为自己排在第 58 百分位。这意味着他们不仅高估了自己的百分位排名，而且还高估了 46 个百分点。虽然其他分数段的参与者对自己的能力也会产生认知偏差，但不像低分段的参与者那样严重高估自己。而且，那些得分最高的参与者，反而低估了自己在群体中的排名。

  在后续的研究中，研究者又有了两个重要发现。一是，那些能力较弱的人无法通过观察他人的表现来评估自己在群体中的实际水平。即使看到别人做得更好，处于最低分数段的参与者仍然错误地认为自己表现得很不错。然而，对于那些能力较强的人来说，情况就完全不同了。一旦他们看到别人的表现，他们的自我评价就会变得更加准确。二是，让能力较弱的人认识到自己的真实水平的方法，就是使他们变得有能力。

🐾 人际贴士

郭德纲曾在相声中调侃道，有些外行人面对火箭专家时，会提出这样的建议："你那火箭不行，燃料不好，我认为得烧柴，最好是烧煤，煤还得精选煤，水洗煤不行。"这时候，火箭专家哪怕只是看他一眼，都算输了。郭德纲用幽默的方式告诉我们一个道理：专业人士没必要和外行人争论。因为在专业领域，双方的认知水平相差太远，争论往往徒增烦恼，毫无意义。

在"心事驿站"的故事中，小扬对人工智能只是略知一二，就开始对小卓的研究方向指手画脚。尽管小卓耐心解释，但对方仍然固执己见。多次解释无果后，小卓感到自己的专业知识被轻视，情绪激动，和对方进行了激烈的争吵，最终导致聚会不欢而散。

生活中，我们有时也会遇到这样的"杠精"，他们喜欢在专业人士面前"抬杠"。为什么会这样？达克效应给了我们答案——正确评估自己的能力本身就需要一定的能力。达克效应展现了一个人从无知到专业的认知发展过程（见图18-1）。

第一阶段："愚昧之峰"——当你对某个领域一无所知时，你不会轻易发表意见。一旦你了解了点儿皮毛，你的自信程度可能就会突然飙升，进入"你不知道自己不知道"阶段。

图 18-1

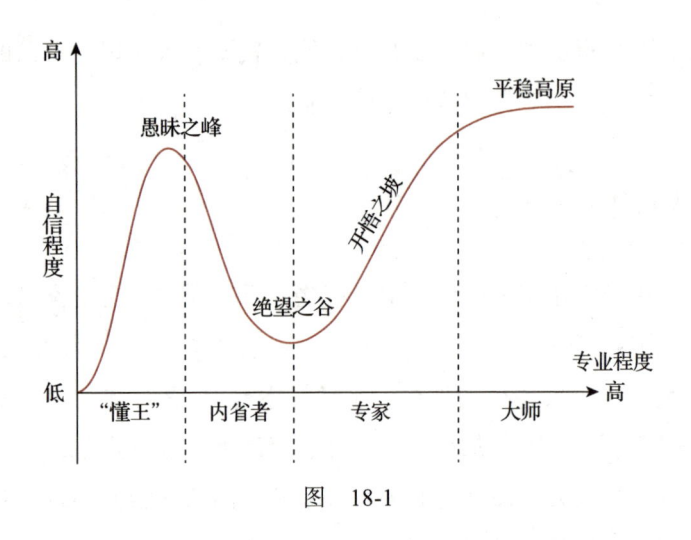

第二阶段："绝望之谷"——随着你对这个领域了解得越来越多，你的自信程度会逐渐下降，进入"你知道自己不知道"阶段。这时你会觉得，虽然学了不少，但自己好像什么都不懂。

第三阶段："开悟之坡"——随着学习的深入，你的自信程度会慢慢回升，进入"你知道自己知道"阶段。

第四阶段："平稳高原"——当你最终成为这个领域的专家时，你会进入"你不知道自己知道"阶段。在这个阶段，你的能力已经高度内化，你非常自信。但这时的自信与"愚昧之峰"时的盲目自信不同，你对自己的能力和局限性有了更为清晰的认识，对人对事会更显从容与淡定，甚至会有举重若轻、大智若愚之感。

理解了这四个阶段，再遇到类似的"杠精"，你就能明白他们为何如此自信。他们也许并不是故意要"抬杠"，而是因为学得太少，反倒觉得自己懂得很多，甚至觉得没有人比他们更懂，从而成为大家眼中的"懂王"。这时候,你就要意识到,他们正处在"愚昧之峰"。

那么,你还需要跟他们争辩吗?古语云:"不与傻瓜论短长。"聪明的人可不会轻易陷入与自以为是者的争论中,因为这不仅无法弥合认知差距,还会徒增烦恼,浪费时间与精力。

❋ **人际交往小 tip:**

人的认知能力会经历从"愚昧之峰"到"平稳高原"的发展过程。当遇到处于"愚昧之峰"阶段的"懂王"时,与其争辩不如一笑而过。

19 罗密欧与朱丽叶效应
硬碰硬，不如适当放手

● 心事驿站

小冉和小杜刚开始谈恋爱时，小冉的父母就不看好这段感情。他们认为小杜还不够成熟，工作也不稳定，担心他无法给小冉一个安稳的未来。

父母多次劝小冉分手，但每次提起这件事，她都表现得非常抗拒，甚至有时会因此和父母大吵一架。父母看女儿态度如此坚决，他们劝说无效，便想请亲戚们"帮忙"。每次家庭聚会，亲戚们总是旁敲侧击地提起小杜的种种"短板"，劝小冉慎重考虑。

小冉感到压力很大，仿佛周围的每个人都在反对她的选择。可是，这种压力反而让她更加坚定地站在小杜这边。

父母见女儿如此执着，意识到如果继续强硬反对，只会把女儿推得更远。于是，他们松了口，不再强烈反对小冉和小杜交往，而是表示只要女儿幸福，他们就会很开心。他们只是提醒小冉，在恋爱中要保持清醒，看看小杜是否真的适合她，如果小冉在恋爱中受到了委屈，他们永远是她坚实的后盾。小冉感受到了父母真切的关怀，她和父母之间原本紧张的关系也逐渐缓和。

在父母不再反对的情况下，小冉和小杜继续交往了一段时

19 罗密欧与朱丽叶效应——硬碰硬，不如适当放手

间。在这段时间里，她开始重新审视两人的关系。她发现，尽管小杜对她不错，但两人的性格差异过大，生活目标和消费观也不一致。

最终，小冉和小杜和平分手了。回过头来看，她明白自己当初那么执着地捍卫这段感情，部分原因是父母的强烈反对。她觉得父母不尊重自己的选择，才一心想要证明自己是对的。

效应解锁

罗密欧与朱丽叶效应——当恋爱中的两个人遭遇外界的阻力时，他们的感情反而会变得更加深厚，关系也会更加牢固。

这个心理学现象是以莎士比亚的经典悲剧《罗密欧与朱丽叶》命名的。故事里，罗密欧与朱丽叶深深地相爱，但他们的家族因为世仇而反对他们的爱情。这种反对不仅没有让他们放弃彼此，反而加深了他们的感情。他们私订终身，最后甚至为爱情放弃了自己的生命。

心理研究

心理学家理查德·德里斯科尔和他的研究团队对91对已婚夫妇和49对恋爱超过八个月的情侣进行了调查，想要探讨夫妻和情侣之间的感情深浅是否与父母的干涉程度有关。令人意外的是，研究结果显示，在一定范围内，父母干涉得越多，夫妻和情侣之间的感情反而越深厚。

为验证这一发现的稳定性,研究团队在六到十个月后对这些参与者进行了回访。结果保持一致:父母干涉程度较高的夫妻和情侣,感情依然更加牢固。

这个结果似乎与我们的直觉不符。我们通常认为,父母的过多干涉会给夫妻和情侣带来压力,从而可能导致他们的感情受损。那么,为什么会出现这种看似矛盾的现象呢?心理学家杰克·布雷姆的研究或许能为我们提供一个合理的解释。他进行了一项关于外界压力如何影响人们选择的实验。在实验中,参与者需要在不同程度的压力下做出选择。

在低压力环境下,实验助手只是轻松地表示"我选了 A",然后观察参与者的反应。在这种情况下,约 70% 的参与者也会主动选择 A。而在高压力环境下,实验助手则显得更为强势,直接建议"我们两个人都应该选 A"。在这种情况下,只有 40% 的参与者会选择 A。这说明,当人们觉得自己正在被强迫做出某个选择时,他们往往会更倾向于反其道而行之。

同样的道理可以应用于亲密关系中。当父母过度干涉子女的恋爱或婚姻时,子女可能会感到自己的选择自由受到了威胁。这种威胁感会激发他们的逆反心理,使他们更加坚定地捍卫自己的选择。

🐻 人际贴士

为什么孩子长大后,特别是青春期或成年后,与父母的矛盾

19 罗密欧与朱丽叶效应——硬碰硬，不如适当放手

往往会增多呢？其实，这背后有着一些心理发展规律。

随着孩子的成长，他们的独立意识和自我认同感逐渐增强，开始渴望更多的自主权。而父母可能还习惯于把他们看作小孩，认为自己的建议是出于爱和经验，理应被采纳。但问题在于，如果父母以强硬的方式强迫孩子接受建议，结果往往会适得其反，甚至会无意间激发罗密欧与朱丽叶效应。

在"心事驿站"的故事中，小冉和小杜的情况正是如此。父母的反对不仅没有让他们的感情变淡，反而让小冉想要坚定地维系这段关系。在外界压力面前，小冉和小杜不再只是恋人，更像是"并肩作战的战友"。这种情感的加深，并不是因为两人的感情本身发生了质变，而是因为外界的阻力让他们产生了一种"共同抗争"的强烈情感联结。然而，当父母采取了更温和的态度后，小冉的对抗情绪随之减弱，从而可以更好地思考自己的选择。

当父母与孩子之间出现意见分歧，尤其是涉及感情、职业、朋友选择等重要问题时，"硬碰硬"的方式不一定管用。在其他人际关系中也是如此。我们不妨试着去理解对方的感受，给予他们一些独立思考和做决定的空间，让他们感到自己的选择是被尊重的。当他们不再感受到来自外界的强大压力时，往往能更冷静、更理性地看待问题。

了解罗密欧与朱丽叶效应可以帮助我们避免一些冲突。有意思的是，我们如果反过来巧妙地利用这个效应，还能帮助自己维系一段关系。如果你和在意的人之间出现了感情危机，你希望挽

回这段关系,不妨找到一个你们可以共同面对和解决的问题(当然,不是凭空制造麻烦)。通过一起解决这个难题,你们的关系或许会变得更加紧密。

> ❋ **人际交往小 tip:**
>
> 在处理关系中的分歧时,过度的干预或强硬的态度往往适得其反。用理解和尊重代替强制,更能促使对方在冷静中做出更理性的选择。

20 透明度错觉
心里那点事儿，说出来才懂

● 心事驿站

小默和阿庆是同事，两人平时关系还不错。最近，他们被分配到一个重要的项目中，一起负责制订产品方案。小默是个非常谨慎的人，做事一丝不苟。她喜欢把每个细节都考虑周全，确保方案万无一失。阿庆却是个行动派，他更倾向于快速推进。

在讨论产品方案时，小默提出了一个详细的计划，涵盖从市场调研到产品落地的每个步骤，她还列出了可能遇到的风险和应对措施。阿庆看了之后，觉得这个方案太复杂了，认为有些步骤可以简化，这样能更快看到效果。于是，他删掉了一些自认为不必要的环节。

小默看到阿庆的修改后，心里有些不快。她觉得阿庆没有重视她的努力，也担心简化后的方案会有漏洞。虽然心里不满，但她没有直接说出来。小组开会讨论方案的可行性时，小默比以往沉默了很多。小默心想："我的情绪都快写在脸上了，阿庆肯定能感受到我的不悦。"

然而，阿庆好像并没有察觉到小默的不悦，他在会议上积极发言，提出各种快速推进的建议。小默看到后，心里更加不满，觉得阿庆在故意忽视她的想法和感受。

事实上，阿庆并不是存心忽视小默的感受，他只是没注意到小默的情绪变化。他以为小默赞同他的建议，所以她才没有提出反对意见，他根本没想到她会有那么多"内心戏"。

效应解锁

透明度错觉——我们常常高估别人对自己内心状态的了解程度。我们以为自己的情绪、想法和意图都很明显，别人应该能轻易察觉到。但实际上，别人可能根本看不出来。

心理研究

心理学教授肯尼思·萨维茨基和托马斯·吉洛维奇设计了一个实验，参与者是40名康奈尔大学的学生。

实验中，学生们两人一组进行测试。每组中，一名学生站在台上演讲，另一名学生坐在对面听。研究人员会给出一个话题，比如"今天最好和最糟的事情"，台上的学生围绕话题即兴演讲三分钟。之后，两人交换角色，另一名学生就不同的话题再讲三分钟。演讲结束后，学生们需要分别为自己和对方的紧张程度打分，评分范围是0到10，0表示完全不紧张，10表示非常紧张。

实验结果显示，学生们对自己紧张程度的平均评分为6.65，而对他人的评分为5.25。在40名参与者中，有68%的人认为自己比搭档表现得更紧张。

那么怎么缓解这种紧张呢？萨维茨基和吉洛维奇又开展了一

项实验，参与者是 77 名康奈尔大学的学生。这次，学生们同样需要进行三分钟的演讲，并且会被录像。根据不同的指导语，学生们被随机分为三组：

第一组（告知组）被告知："研究表明，观众不会像你想象的那样注意到你的焦虑。即使你感觉很紧张，很可能也只有你自己知道。记住这点，放松下来，尽力发挥。"

第二组（安心组）被告知："不用太在意别人的看法。放松下来，尽力发挥，不用担心自己看起来紧张。"

第三组（控制组）没有得到额外的指导。

演讲结束后，演讲者和观众分别对演讲质量和演讲者的紧张程度进行评分。结果发现，"告知组"的演讲者对自己的表现评价最高，观众的评分也与演讲者的自我评价一致。

所以，当你担心自己在公众面前表现得很紧张时，不妨想想这些实验的结果：实际上，别人并没有你想象中那么清楚你的内心状态。

人际贴士

你有没有遇到过这样的情况：明明你觉得自己的情绪和想法已经表现得很明显了，但别人好像完全没有察觉到？这种现象其实很普遍，这背后很可能是透明度错觉在作祟。

在"心事驿站"的故事中，小默觉得自己情绪低落，认为阿庆理应能够看出她的不开心。然而，阿庆却毫无察觉，这让小默感到既失望又不满。这正是透明度错觉的典型表现：我们总以为自己的情绪和想法对别人来说是"透明"的，但实际上，别人未必能看出来。

在恋爱、婚姻等亲密关系中，透明度错觉很容易引发误会和矛盾。因为很多人在表达需求时，习惯于暗示，而不是直接说明。比如，你因为工作很累，希望伴侣能够主动多分担一些家务，但你并没有直接说出口，而是希望通过抱怨或表现出疲惫来让对方领会。结果，伴侣可能根本没注意到这些"信号"。你因此觉得对方不够体贴，开始生闷气，而伴侣却感到莫名其妙。

人与人之间的沟通需要更多的主动性和明确性。无论是在工作中还是生活中，不要假设别人能读懂你的心思。特别是当你感到有压力、困惑或不安的时候，与其默默承受，不如直接告诉别人你的感受和需求。这样不仅能避免误解，还能让别人更好地理解你，从而帮助你解决问题。

同样地，在与别人互动时，你要意识到对方可能也存在类似的透明度错觉。对方的情绪和想法并不总是显而易见的，主动询问、倾听，才能让你更好地理解对方的真实感受，同时也让对方感受到你的关心。

❋ **人际交往小 tip：**

人们常误以为自己的情绪和想法对别人来说是显而易见的，但实际上他人未必能察觉。有效沟通需要的是主动表达感受和需求，而不是暗示和猜测。

21 行动者－观察者偏差
同一件事，你我的视角并不同

● 心事驿站

周六，小默约小夏一起去吃海鲜自助，两人约好中午 12 点在商场门口见面。小默准时赶到，但发现小夏还没来，只好在约定地点等她。因为想着中午的自助餐要多吃点儿，小默特意没吃早饭，这时候已经饿得前胸贴后背了。

等小夏终于赶到时，小默憋了一肚子的火控制不住爆发："我们不是说好 12 点到吗？你怎么这么晚才来？你总是迟到，你就是一个没有时间观念的人！要是你觉得这顿饭无所谓，那干脆别吃了！"

小夏见到小默本来还挺高兴的，听了这番话顿时也火冒三丈："我不就晚了半小时吗？至于这么上纲上线、大动肝火吗？你平时就不会给人留点儿面子，我看这饭确实没必要吃了。"说完，小夏气呼呼地转身就走。

其实，小夏并非不在乎和小默的约定。她来的路上遇到了一位摔倒的老奶奶。老奶奶虽然没受伤，但走路不稳，希望小夏扶她一段路。为了打消小夏的顾虑，老奶奶还用手机录了段视频，说明情况："我刚刚摔倒了，是这个小姑娘扶我起来的，我很感激她。可我离家还有几百米，实在走不动了，想请她扶我过去。"

随后，老奶奶还把视频发给了小夏。

小夏觉得老奶奶很通情达理，要求也不过分，就答应帮忙。虽然只有几百米，但老奶奶走得很慢，花了 20 多分钟才到小区门口。把老奶奶顺利送到目的地后，小夏赶紧掏出手机，想给小默打个电话，告诉她自己可能会晚到一会儿。不巧的是，因为出门前忘记给手机充电，她的手机已经没电，自动关机了。商场也不远了，干脆见面再向小默解释吧，她肯定能理解的。小夏这样想着，加快脚步往商场赶去。

可没想到，两人刚碰面，小夏还没来得及开口解释自己为什么迟到，就被小默一顿数落。因此，小夏将原本想说的话咽了回去，不想再多解释什么。

效应解锁

行动者 - 观察者偏差——当我们自己作为"行动者"做出某种行为时，往往会把原因归结于外部环境或客观条件；而当我们作为"观察者"观察他人做出同样的行为时，却更倾向于认为这是由他们的性格或内部特质导致的。简而言之：我做错事是因为情况特殊，而你做错事是因为你这个人就这样。

心理研究

心理学研究者谢利·泰勒等人设计了一项巧妙的实验，来研究行动者 - 观察者偏差这一现象。在每轮实验中，有两名行动者和六名观察者。两名行动者实际上是研究助理，六名观察者则是真正的被试。

实验开始时，行动者 A 和行动者 B 假装是第一次见面，面对面交流五分钟，内容包括各自的专业、工作计划、家庭情况和课外活动等。这些谈话内容是研究人员事先设计好的，确保两人在交流过程中的表现基本相同。

六名观察者被安排坐在特定的位置上，旁观这两名行动者的谈话（见图 21-1）。其中，两名观察者（观察者 A + B）分别坐在行动者 A 和行动者 B 的两侧，可以清晰地看到两名行动者的面部表情和肢体动作。另外四名观察者则坐在行动者的后方侧面，他们只能看到一名行动者的背面和另一名行动者的正面。

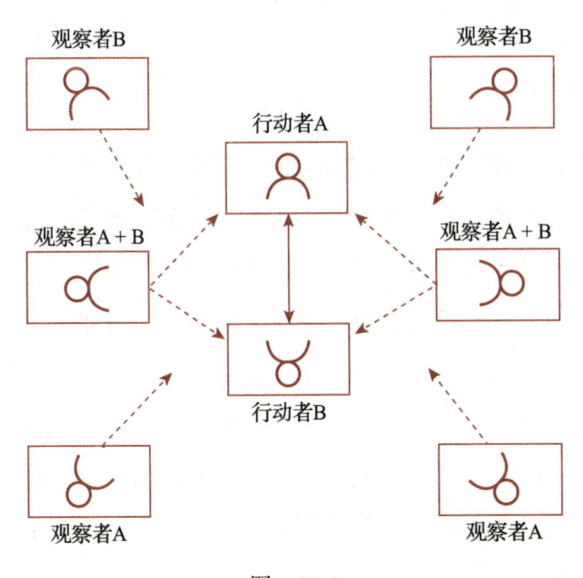

图　21-1

在对话结束后，研究人员要求观察者回答一些问题，比如"谁在主导对话""谁决定了谈话的主题"等。

有趣的是，虽然所有观察者听到的内容都是一样的，但他们的判断却大不相同。面对行动者 A 的观察者（观察者 A）认为，是行动者 A 主导了对话并选择了话题；面对行动者 B 的观察者（观察者 B）则认为，是行动者 B 在主导对话并选择了话题；至于坐在中间位置、能够同时正面看到两名行动者的观察者（观察者 A+B）则认为，是两人共同主导了对话。

泰勒等人认为，产生这种结果的原因之一可能是，观察者的视野主要被行动者占据，这使得他们更容易将对话的主导权归于自己可以正面看到的那个人，而忽略了情境等外部因素的影响。

🐾 人际贴士

行动者-观察者偏差在我们的人际交往中常常充当着"误解制造者"的角色。它提醒我们，人和人之间的冲突，有时候可能不是有意为之，而是源于彼此看问题的视角不同。

当我们自己是行动者时，由于了解行为的背景和原因，我们更倾向于把自己的行为归因于外部环境。而当我们是观察者时，我们通常只能观察到某些片段，很难了解事情的全貌，所以更容易把他人的行为归因于他们的性格或内在特质。这样的偏差不仅会影响我们对他人的判断，还可能导致我们在与他人的互动中产生负面情绪和误会。

21 行动者-观察者偏差——同一件事,你我的视角并不同

在"心事驿站"的故事中,小默作为观察者,直接将小夏的迟到归因于她没有时间观念,忽略了可能存在的其他原因。而作为行动者,小夏觉得自己迟到是因为帮助老奶奶这个外部因素,并不认为自己有错。正是这种不同的归因方式,导致了她们之间的误解和不快。

在工作中,这种偏差很常见。比如,当你的同事没有按时完成任务时,你可能会觉得他工作能力不行或不够认真。但如果你自己没完成任务,你可能会认为是因为任务太多或遇到了意外情况。

在亲密关系中,行动者-观察者偏差也可能造成误解。比如,你可能觉得对方不够用心和体贴,但对方可能觉得自己已经很努力了,只是时间和精力不太够。

沟通可以帮助我们打破偏见,看到事情的全貌。当我们对别人的行为感到疑惑或不满时,不妨先问问对方是怎么回事,而不是急着下结论。以小默为例,如果她能在小夏迟到后,先问一句"路上是不是遇到什么事了",而不是直接指责,她们之间的气氛可能就不会变得那么紧张。

了解事情的来龙去脉后,小默还是可以适度表达一下自己的不满,然后用轻松的方式化解尴尬:"这么热的天,我等了你半小时,妆都快花了,你今天怎么着也得请我喝杯奶茶吧?"这样,两个人边喝奶茶边聊天,误会自然就解开了。

同样地,面对小默的指责,小夏也可以换位思考一下:对方饿着肚子等了半小时,难免会有些烦躁。在对方情绪特别激

动的情况下，小夏可以尝试先"让一步"，表达理解，再说明原因，比如说："我知道你等了很久，肯定很烦，我要是你也会生气。但我不是故意迟到的，是路上出了点儿特别的事。我手机还没电了，联系不上你，我也很着急……咱们先进去坐下，我再慢慢跟你说，好不好？"用这种方式回应，彼此的情绪会更容易缓和下来。

我们每个人都可能在某些时刻成为"行动者"或"观察者"。你如果能意识到行动者和观察者的视角有所不同，看待同一件事情时可能会存在偏差，就不会轻易觉得别人做什么都是性格使然，而会考虑他们可能受到的环境影响。这样，有些冲突自然就避免了。

> ❋ 人际交往小 tip：
>
> 　　人与人之间的误解有时源于视角差异：我们是行动者时容易将问题归因于外部环境，而作为观察者时则倾向于归因于他人的性格。

22 自我服务偏差
功劳归我,"锅"我可不背

❤ **心事驿站**

小卓是个篮球迷,经常和朋友们一起打球。上大学时,学校举办了一场篮球比赛,小卓兴致勃勃地报了名。

比赛开始后,小卓的团队配合默契,他们通过高效地进攻和积极地防守,迅速确立比分优势。上半场,小卓表现得很不错,接连投进了几个三分球,队友们都夸他厉害。小卓心里美滋滋的,他觉得有自己在,这场比赛稳赢了。

然而,到了下半场,情况发生了变化。对手明显摸清了小卓团队的战术,调整打法,很快就追上了比分,甚至还反超了两分。在最后的关键时刻,队友将球传给小卓,可惜这次小卓没投进,结果他们队以微弱劣势输掉了比赛。

赛后,小卓感到有些沮丧,他没想到自己所在的队伍居然输了。队友们看到他情绪低落,便过来安慰他说:"没事,你已经尽力了。咱们下次还有机会再赢回来!"可小卓却说:"要不是场地太滑,我肯定能投进那个球。而且裁判也不公平,对方犯规都不吹哨。"

队友听了,有些不高兴:"我觉得场地挺好的啊,裁判也很公正。我们输了就是输了，承认自己还有进步的空间不好吗？"

小卓一听这话，顿时火了："我明明打得很好，你这么说，是不是嫉妒我啊？"队友觉得小卓蛮不讲理，两人你一言我一语，吵得不可开交。

⬤ 效应解锁

自我服务偏差——人们在评价自己的行为时，常常会有一种倾向：成功是因为内在因素（我有能力，我很努力），失败则是因为外界的不利因素（运气不好，任务太难）。简单来说，好事肯定有我的功劳，出了问题则跟我没什么关系。在很多情况下，人们会觉得自己要比别人好。

⬤ 心理研究

心理学研究者伯纳德·古因发现，大多数曾因车祸住院的司机都认为自己的驾驶技术比别人更好、更熟练。研究人员问这些司机为什么会出车祸，他们的回答往往是这样的："我正好好地开着车，不知道从哪里突然冒出来一辆车，我都来不及踩刹车，就被撞了。""我刚到十字路口，忽然有个东西挡住了我的视线，所以我没看见其他车。""有个行人撞了我一下，然后就钻到我的车轮下面去了。"这些回答听起来像不像在推卸责任？

再来看看心理学研究者 M. J. 勒纳等人的研究。他们发现，大多数成年人都觉得自己比兄弟姐妹更孝顺，照顾父母更多。但是一说到自己应该承担的责任,大家就开始找借口推脱了。

公司的老板们也是如此。研究发现,公司赚钱了,首席执行官们会觉得这是因为自己管理有方。但是一旦公司开始亏损,他们就会说:"现在经济这么差,能指望赚多少钱呢?"

这些研究都说明了一个现象:人们总是倾向于把好事归功于自己,把坏事推给外部原因。

人际贴士

自我服务偏差就像是我们给自己加的"美颜滤镜"。这个"滤镜"有好处,它能让我们在面对失败或错误时,不至于过度自责,保护我们的自尊心。但如果这个"滤镜"用得太过,就可能让我们看不清真实的自己,容易影响到我们与他人的关系,还有可能招来不必要的麻烦。

"心事驿站"故事中的小卓就是一个典型的例子。当他在比赛中表现出色时,他乐于接受大家的夸奖,觉得自己是团队中的英雄。但当他在关键时刻出现失误,导致比赛结果不尽如人意时,他却急于将责任推给客观条件,而不是反思自己在比赛中的不足。这种行为不仅不能帮助他改进技术,还引起了队友的不满,最终导致团队内部的矛盾。

这种心理现象在我们的日常生活中其实很普遍。比如在家庭生活中,夫妻双方往往都觉得自己付出得更多。一方可能认为自己努力工作养家糊口很辛苦,另一方则可能觉得照顾家庭、操持家务更加劳心劳力。如果家庭生活出现问题,双方往往又都会觉得是因为工作太忙或对方付出太少。这种自我服务偏差很好地解释了为什么在生活中会有那么多家庭矛盾。

在职场中,这种现象同样存在。当项目取得成功时,团队中的每个人可能都觉得自己的功劳最大;但当项目失败时,人们却往往倾向于将责任归咎于他人或其他外部因素。如果团队里每个人都自视甚高,忽视或低估其他人的作用,这种态度很容易在团队内部引发矛盾和不满,导致大家互相不服气,抱怨不断,最终影响团队的整体效率和氛围。

我们该如何减少这种自我服务偏差呢?重要的是,要培养"看见"的能力。这里的"看见",不仅仅是用眼睛去观察,更是一种心理上的觉察和认知。当取得成绩时,我们要看见他人的付出,而不是把所有的功劳都揽在自己身上;当出了问题时,我们不要急于把责任全推给外部环境,也该看见自己的不足。

很多人害怕承认错误,觉得这样会"丢面子"或是"背锅"。但其实,坦然面对自己的缺点,并为此努力改进,不仅能让我们个人成长,还能让我们在人际关系中看起来更加真诚和可靠。

❋ 人际交往小 tip:

　　适度的自我服务偏差能保护自尊,过度的则会阻碍自我认知。要避免这种偏差,关键在于能看见他人的付出,也能看见自己的不足。

23 虚假一致性偏差
自作主张，不如多问一句

● 心事驿站

小杜和小江在同一家公司上班，两人既是同事，也是好友。公司安排他们共同负责一个重要项目，需要一起出差。

这是他们第一次结伴出差，两人都挺开心的。为了确保项目顺利推进，他们很快就商定了分工。小杜性格细腻，善于处理琐事，便主动承担起行程安排和整理客户资料的工作。小江擅长与人交往，主要负责与客户进行洽谈。

出发当天的上午，他们还有一场重要的会议要参加，所以直到下午才坐上高铁。等他们到达目的地时，天色已经有些晚了。一整天的奔波让两人都有些疲惫，本想着到了住处可以好好休息一下，没想到刚到住处，两人就产生了矛盾。

小江一脸困惑地看着眼前的民宿，转头问小杜："兄弟，你怎么订了间民宿啊？这也太简陋了吧！"小杜笑着解释："你不知道，这家民宿虽然设施简单，但周围的风景可是一绝！我们难得一起出差，工作之余欣赏美景，放松一下心情，岂不是一举两得？"

然而，小江却皱起了眉头，对小杜的选择有些不满："你想订民宿也该提前跟我商量一下吧？我们是来工作的，不是来度假的！白天要忙工作，晚上回来天都黑了，哪有时间看风景？还不如住个舒服点儿的酒店。"

小杜听完，顿时觉得很委屈。他自己很喜欢住民宿，原以为小江平时爱旅游，应该也会喜欢这种有特色的民宿，所以他才没提前商量，直接订了下来。没想到，自己的好意不仅没有得到认可，反而让两人之间产生了不愉快。

效应解锁

虚假一致性偏差——人们倾向于高估或夸大自己的信念、判断和行为的普遍性。比如，我们常常以为别人和我们想的一样，实际上并不是这样。

心理研究

心理学教授李·罗斯等人做了两个简单但很有说服力的实验，研究虚假一致性偏差是如何影响人们的看法和决定的。

在第一个实验中，研究人员让参与者阅读一则材料。这则材料描述的是一个冲突事件。研究人员告诉参与者，针对该事件有两种处理方式，然后让他们回答以下问题：

（1）预测其他人会选择哪一种处理方式；

（2）说出自己的选择是什么；

（3）分别描述选择这两种方式的人的性格特点。

23 虚假一致性偏差——自作主张，不如多问一句

结果发现，无论参与者自己选哪种方式，大多数人都觉得别人会和自己做出相同的选择。更有意思的是，当描述与自己选择不同的人的性格时，参与者往往会使用更极端的词语。他们认为那些与自己意见不一致的人有点"不正常"。

在第二个实验中，罗斯和他的团队选择了一个更直观的场景：让参与者挂上一个巨大的广告牌，广告内容是"来乔的饭店吃饭"，并要求他们挂着广告牌在校园里闲逛30分钟。

实验前，参与者并不知道这家饭店的菜品质量如何，也不清楚自己看起来会有多滑稽。研究人员只是告诉他们，这样做可以"学到一些有用的东西"。但如果参与者不愿意，他们完全可以拒绝这样做。

结果和第一个实验类似。同意挂广告牌的人中，有62%的人认为别人也会同意这样做。而拒绝的人中，却只有33%的人认为别人会同意。同样地，两组人对彼此的评价都较极端。同意的人认为，那些拒绝的人太死板了，这又不是什么大不了的事。拒绝的人则会觉得，那些同意挂广告牌的人真是太奇怪了！

这两个实验都证明了虚假一致性偏差现象的存在。显然，我们对他人的估计和判断有时并不准确。

人际贴士

我们常常以为，自己内心的想法和大多数人是相似的，甚至认为大家的观点和喜好也差不多。然而，事实可能并非如此，我

们的很多想法和他人并不相同，有时甚至大相径庭。如果没有意识到这种虚假一致性偏差，我们很容易在与他人互动时，做出一些错误的判断和决定，引发矛盾。

在"心事驿站"的故事中，小杜知道小江爱好旅游，便理所当然地认为小江也会像自己一样，喜欢体验有特色的民宿。小杜没有考虑到，小江的居住习惯和喜好可能与他不同。他以为自己做了一件让小江开心的事，结果却事与愿违。

类似的情况在我们的生活中屡见不鲜，这往往是因为我们不自觉地将自己的偏好和想法投射到他人身上。比如，假期到来时，你可能认为去看一场演唱会是放松的好方式。于是，你兴冲冲地买好了演唱会门票，准备给朋友或伴侣一个惊喜。然而，当你满怀期待地告诉对方时，却发现他们的反应并不如你预期的那么热烈。你才意识到对方其实更希望在家度过一个安静的周末。在这种情况下，你准备的惊喜反而可能会给对方增加困扰，因为他们不得不在满足你和坚持自己的偏好之间做出选择。

又比如，当面对压力时，你喜欢通过倾诉和寻求他人支持来缓解压力。因此，当你看到身边的人似乎压力很大时，你的第一反应是陪伴在他们身边，鼓励他们说出心里的想法。但实际上，对方更倾向于独自静一静，他们需要一些自己的空间来消化情绪和整理思绪。你本意是想陪伴和关心他们，却因为没有考虑到他们的真实需求，而让对方感到不自在。

有时候，即使我们的出发点是好的，也可能因为误解对方的需求而让关系变得紧张。每个人的背景、经历和偏好都是独一无二的，我们不能简单地假设自己的想法就是其他人的想法。在一些关键的问题上，我们一定要提前把自己的想法说清楚。另外，在与他人互动时，不妨多问一句，花点儿时间去了解对方，而不是根据自己的直觉草率行事。

理解并不等同于完全认同。即使了解了他人的想法和需求，我们仍可能在某些问题上与他人存在分歧。然而，尊重这些差异并愿意去理解对方的过程，本身也是在丰富人生的体验，不是吗？

> ❋ 人际交往小 tip：
>
> 　　每个人都有自己的独特性，不要用自己的标准去衡量别人。学会倾听和观察，尊重他人的不同意见和喜好，许多矛盾自然能够避免。

24 认知证实偏差
先入为主,当心进入"信息茧房"

❤ 心事驿站

小雯和小默是大学同学,两人平时交集不多。小雯的饮食习惯比较保守,当她知道小默是广东人后,脑子里立马冒出了很多关于广东饮食的传言,这让她心里对小默产生了些许排斥。

每次同学们相约一起吃饭,小雯总会先打听小默去不去。如果小默要去,她就会找各种理由推掉饭局。时间长了,同学们觉得很奇怪,以为小雯和小默之间有什么矛盾。

实际上,小雯和小默之间并没有发生过任何冲突。小雯躲着小默纯粹是因为她对广东饮食有误解,心里感到害怕和不适。在她的想象中,广东人的餐桌上总是摆满了蛇汤、虫子之类她接受不了的食物。这种根深蒂固的偏见让她对所有广东人保持距离。

有一次,小雯在学校附近的小吃街偶遇小默,看到她正在一个烧烤摊前排队,烧烤摊前挂着一个牌子,写着"烤蚕蛹"。小雯心想:"果然,小默什么都敢吃!连这么可怕的东西都吃,要是哪天她在我面前吃起蚂蚱、蜘蛛,我可受不了!"其实,作为广东人的小默喜欢的是清淡的粤菜,对那些特殊食材并不感兴趣。那天她去烧烤摊,实际上是帮室友带吃的,而且只是烤

24 认知证实偏差——先入为主，当心进入"信息茧房"

面筋。

后来，有同学知道了这件事，特意告诉小雯，小默的饮食习惯并没有她想象中那么"重口味"，劝小雯不要对小默有偏见。但小雯不听劝告，反而更加坚定地寻找各种"证据"来证明自己的想法是对的。她不仅自己避开小默，还试图劝其他同学也不要跟小默一起吃饭。

小雯的做法让同学们感觉很无奈。他们认为小雯太过偏执，慢慢地就不愿意和她来往了。小雯的社交圈因此变得越来越小，可她却没有意识到问题出在哪里。

◎ 效应解锁

认知证实偏差——当人们有了某种观点或信念后，往往会倾向于寻找、解释和记忆那些支持自己已有观点或信念的信息，而忽视或排斥与自己观点或信念不一致的信息。

换句话说，人们更喜欢听到"自己想听的"，而不是"客观事实"。这种偏差让人们更容易坚信自己的观点，即使这些观点可能是片面的或错误的。

◎ 心理研究

在日常生活中，我们经常需要进行各种推理和判断。心理学研究发现，人们在进行条件推理时，往往存在一种倾向：人们更愿意寻找证据来支持自己的假设，而不是寻找可能反驳它的证据。这种现象被称为"证实倾向性"。

为了深入研究这一现象,心理学家彼得·沃森设计了一个巧妙的实验,名叫"四卡片选择任务"。在实验中,研究人员会在桌子上放四张卡片,每张卡片的一面有一个字母,另一面有一个数字(见图 24-1)。

| E | F | 4 | 7 |

图 24-1

注:E 是元音字母,F 是辅音字母。

研究人员告诉被试一个规则:"如果卡片的一面是元音字母,那么它的另一面就一定是偶数。"被试的任务是翻开那些他们认为能够检验这个规则真伪的卡片。他们会选择翻看哪些卡片呢?

令人惊讶的是,沃森的实验结果显示,大多数被试的选择都存在一些问题,只有约 4% 的被试做出了完全正确的选择。在这个实验中,最常见的选择是翻看卡片"E",或者卡片"E"和卡片"4"。实际上,选卡片"4"是根本没有必要的,正确的选择应该是卡片"E"和卡片"7"。为什么呢?让我们来逐一分析:

卡片"E":必须翻看,因为如果背面是奇数,就直接证明规则错误。

卡片"F":不需要翻看,因为无论背面是什么数字,都与规则无关。

卡片"4":不需要翻看,因为即使背面是元音字母,也只能说明规则可能正确,而如果背面是辅音字母,则与规则无关。

24 认知证实偏差——先入为主,当心进入"信息茧房"

卡片"7":必须翻看,因为如果背面是元音字母,就会证明规则错误。

有趣的是,有33%的被试选择翻卡片"E"而不去翻卡片"7"。因此,沃森认为,在检验某个假设或某个规则时,人们往往具有一种对规则的强烈证实倾向,而很少会产生证伪倾向。

❀ 人际贴士

认知证实偏差在我们日常生活中的表现并不罕见。它让我们在面对复杂信息时,选择性地接收符合自己预期的信息,从而强化已有的观点。这种偏差会使我们的思维陷入一种封闭状态,难以接受新的、与自己观点相冲突的事实,甚至可能让我们陷入"信息茧房"中,难以看清事物的全貌。

在"心事驿站"的故事中,小雯因为对广东饮食的误解,产生了对小默的偏见。当她看到小默在"烤蚕蛹"烧烤摊前排队时,便将其作为"证据"来强化自己对广东人饮食习惯的错误认知。这种认知证实偏差让小雯陷入了一个"自我验证"的误区,她只关注那些符合她偏见的信息,忽视或回避和她想法不符的事实,甚至不愿意听取其他同学的解释。这不仅损害了她与小默的关系,也影响了她与其他同学的交往,导致她的社交圈越来越小。

像小雯一样陷入认知证实偏差,会加剧自我封闭,这不仅让人对事物的判断变得片面,还会在社交和工作中带来很多误解和冲突。

第二篇　长相处

在人际交往中，当我们对某人有好感时，往往倾向于看到对方的优点，忽视他们的不足。然而，一旦关系出现裂痕，我们又可能会突然只关注对方的缺点，选择性地忽略他们曾经的好，这样的偏见很容易加剧误解和争执。

要避免认知证实偏差带来的负面影响，首先要意识到自己可能会有这种倾向。与人交流互动时，不要把持不同意见的人视为"对手"，而要把他们看作帮助你拓宽视野的"伙伴"。

此外，保持适度的自我反思也可以帮助你跳出固有的思维模式。当你对某件事有了初步判断时，不妨问问自己："我是不是太快下结论了？还有没有其他可能性？"这种自我审视的习惯能够帮助你在信息的海洋中保持理性，不至于被某一种声音误导。

认知证实偏差就像一面镜子，它只能反射出我们已经持有的想法。我们如果只盯着这面镜子看，最终会把自己困在一个狭小的世界里，陷入故步自封的状态。但我们如果能够从自己的小世界里探出头来，主动接纳不同的声音，就会看到更多的可能性。

❀ **人际交往小 tip：**

> 与人交往时，应警惕自己的偏见和先入为主的观念。每个人都有多面性，我们应当学会跳出固有思维，不要只看自己想看到的。

第三篇 互影响

第一节

他人如何影响我

25 社会促进与社会抑制
有人在场，就受影响

◉ 心事驿站

小董研究生毕业后选择创业，开了一家文化创意公司，专门从事广告设计业务。公司不大，团队只有20多人。作为一个新晋老板，小董每天都在思考如何提高员工的工作效率，让大家创意迸发得更快，产出更多。

周末，小董参加一个家庭聚会，遇到了他的远房亲戚老魏。老魏是一家大型制造厂的老板，小董特别佩服他，于是向他请教管理经验，特别是如何提升员工的工作效率。

老魏笑着说："小董啊，我也琢磨过这事儿。偶然间，我发现了一个有趣的现象——我们工厂虽然是计件工资制，多劳多得，但只有安装了摄像头的生产线，工人的工作效率特别高。后来，我在所有的生产线都安装了摄像头，结果工人的生产效率几乎翻了一番。"

小董听后，眼睛一亮，觉得这个方法简单易行。他心想，既然摄像头能提高工人的工作效率，那么把摄像头用在他的公司，应该也能让设计师们更专注、更高效地完成任务。

于是，他立马行动起来，在公司的各个角落都安装了摄像头,尤其是在设计部,摄像头几乎无死角地监控着每个员工的工作状态。

然而,让小董始料未及的是,摄像头装上后,大家的工作效率不增反降。设计师们看似每天都在认真工作,但提交的设计稿质量明显下降,甚至连平时最有创意的几位设计师也开始频频出错。

小董百思不得其解:"为什么在工厂里能提高效率的方法,用在我的公司却适得其反呢?"

◉ 效应解锁

社会促进——也叫"社会助长",指的是在我们意识到有他人在场、与他人一起活动,或者有电子监控的情况下,个人的行为表现会变得更高效。简单来说,"有人看着"时,我们往往会表现得更好。

社会抑制——与社会促进相反,他人的存在导致我们的表现变差,也叫"社会干扰"。

◉ 心理研究

心理学家诺曼·特里普利特最早用科学方法揭示了社会促进现象。他通过观察发现,在自行车比赛中,当有同伴一起骑行时,自行车选手的骑行速度会更快,比单独骑行时要快30%。

为了在更可控的环境中验证这一现象,特里普利特设计了一系列实验室实验，比如"钓鱼竿绕线实验"。

在"钓鱼竿绕线实验"中，参与者是 40 名儿童。特里普利特让他们在规定时间内尽可能快地转动钓鱼竿的卷线轮。实验分为两种情境：孩子们单独绕线和两两结伴一起绕线。结果显示，当孩子们结伴绕线时，他们的速度明显比单独操作时更快。

有趣的是，社会促进效应并不仅限于人类。研究者在多种其他动物身上也观察到了类似现象。例如，在观察蚂蚁行为的实验中，研究者发现，当几只蚂蚁一起挖土时，每只蚂蚁的平均挖土量竟达到了单独挖土时的三倍。此外，老鼠、蟑螂、鹦鹉等动物在有同伴的情况下，其行为表现也会变得更加高效。

心理学家戈登·奥尔波特在哈佛大学的心理实验室进一步探索了社会促进现象的复杂性。他设计了一系列实验，邀请大学生参与。奥尔波特让这些大学生单独或与他人一起进行一些复杂程度不同的任务，如词语联想、删去元音字母、两位数乘法运算以及写文章等。

实验结果显示，在较为简单的任务中，比如词语联想和两位数乘法运算，学生在有同伴的情况下表现得更好，效率更高。然而，当任务变得更复杂、需要更多思考时，比如写文章，学生单独完成时的表现更好。

这说明，他人在场或与别人一起工作，并不总是产生社会促进。随着任务难度的增加，他人在场可能反而会产生干扰，导致社会抑制。

第三篇 互影响

👥 人际贴士

为什么有人在场时，我们的表现有时更出色，有时却更糟糕呢？心理学家扎伊翁茨认为，当他人在场时，我们会进入一种"唤醒"状态。这种状态会强化我们的"优势反应"。所谓"优势反应"，就是我们在某项任务上最自然、最常见的表现。在简单任务中，优势反应通常是正确的，而在复杂任务中，优势反应则可能是错误的。

也就是说，如果这项任务是我们擅长的，在他人面前的"唤醒"状态能使我们表现得更好。比如，在健身房里锻炼时，你可能会发现自己比在家里更有劲儿，能多做几组动作。

但如果任务是我们不熟悉的或较为复杂的，唤醒反而会加剧我们的不安和紧张，导致表现变差。比如，在重要场合下进行第一次演讲时，你可能会感到手足无措，甚至紧张到忘词。

在"心事驿站"的故事中，老魏的工人们从事的是相对简单、重复性的工作，这样的工作对他们而言很熟悉。因此，当摄像头作为"监督者"出现在工厂时，工人们感受到一种"被看着"的状态，这激发了他们的优势反应，工作效率自然大大提高。这正是社会促进效应在发挥作用。

但在小董的公司里，情况就不一样了。小董的设计师们从事的是创意性工作，需要独立思考和持续创新。摄像头的存在会让他们感受到额外的压力，导致表现变差。这正是社会抑制效应的体现。

25 社会促进与社会抑制——有人在场，就受影响

既然知道了社会促进和社会抑制的存在，在日常生活中，我们就可以有意识地利用这些效应来优化自己的表现。

如果你需要完成一些简单的、重复性的工作，比如做家务，不妨把自己置于一个"有陪伴感"的环境中。做简单的事情时，你可以和别人一起工作。这样，社会促进效应可能会帮助你提高效率。

如果你要进行创作，比如写文章、画画、设计，最好选择一个安静、不受打扰的空间，避免外界的干扰，减少不必要的紧张感，从而让你的思维能够更加自由地发散，发挥出最佳水平。

虽然社会促进和社会抑制对大多数人都有影响，但每个人的感受和应对方式并不完全相同。有些人可能在别人面前容易感到紧张，不管任务简单还是复杂，都会受到干扰；另一些人则享受与别人的互动，当完成复杂任务时，有人在场反而能更好地激发他们的创造力。因此，最重要的还是要了解自己的行为模式，找到最适合自己的学习和工作方式。

> ❋ **人际交往小 tip：**
>
> 他人的存在既可能激励我们，也可能让我们感到压力。学会平衡这种影响，缓解社会抑制带来的紧张和不安，利用社会促进提升自己的表现。

26 社会懈怠
人多，好"搭便车"

● 心事驿站

图书馆里，小卓正专注地盯着电脑屏幕，仔细检查社会心理学课题的最后一点儿细节。看着即将完成的课题报告，他却没有丝毫喜悦，反而长叹了一口气。

回想起两个月前，当老师布置小组研究课题时，小卓的眼睛都在发亮。他对这个课题很感兴趣，而且脑子里已经有了初步的研究思路。

课后，小卓在班级群里发消息，主动提出自己愿意当组长，并邀请大家加入他的小组。很快，七个同学回复了他，表示愿意加入。小卓心里非常开心，对接下来的研究充满了期待。

按理说，人多力量大，但现实很快就给了小卓当头一棒。第一次小组会议上，小卓认真地分析了如何开展课题研究，希望大家集思广益，相互支持。大家口头上答应得很爽快，但在需要实际行动时，总有人找各种理由推脱。一周过去，两周过去，眼看着截止日期越来越近，课题进展却不尽如人意，小卓心里开始有些焦虑。

为了不耽误进度，他几乎承担了所有的重要工作。查阅文

26 社会懈怠——人多，好"搭便车"

献、设计问卷、收集数据、统计分析，都是他在充当"主力军"。直到课题汇报前两天，其他组员才开始"关心"课题的进展。"组长，我们的研究做得怎么样了？""汇报的 PPT 准备好了吗？""到时候怎么分工汇报啊？"看着这些消息，小卓苦笑不已。因为组员对研究内容并不熟悉，最终整个汇报还是由小卓来完成。

课题汇报那天，小卓独自站在讲台上，流畅地讲述着研究过程和结果。台下的老师频频点头，给出了极高的评价。毫无意外，小组成员都获得了最高分。看着笑容满面的组员们，小卓心里觉得特别恼火和难受。他一个人扛下了绝大部分的工作，其他组员却在最后轻松地"摘了果子"。

效应解锁

社会懈怠——在群体互动中，经常会出现一种"搭便车"现象。具体来说，当人们在一个团队里共同完成一件事情时，相比独自工作，每个人付出的努力往往会减少。这种现象也被称为"社会惰化"。

心理研究

法国农业工程师马克斯·林格曼在一项研究中首次揭示了社会懈怠这一现象。实验中，他要求工人用力拉绳子，并测量他们的拉力。为了比较不同情境下的表现，实验分为三种情境：单独拉绳子、三人一组拉绳子和八人一组拉绳子。

实验的结果让林格曼十分惊讶。当工人单独拉绳子时，他们的拉力最大；当他们与他人一起拉时，个人的用力程度却大幅下降。具体数据显示：

单独拉绳子时，每个人的平均拉力约为 617.819 牛，这是一个相对较高的数值。

三人一起拉时，团队总拉力为 1569.064 牛，平均每个人的拉力约为 523.021 牛，比单独拉时减少了约 15%。

八人一起拉时，团队总拉力为 2432.049 牛，人均拉力仅为 304.006 牛，不到单独拉时的一半。

这一现象后来被称为"林格曼效应"，它是社会懈怠的一种典型表现。

林格曼的发现引起了心理学家的浓厚兴趣。为了进一步探究社会懈怠的具体表现，心理学家比布·拉塔内及其同事设计了一项新的实验。他们邀请大学生参与，要求他们以欢呼或鼓掌的方式尽可能制造噪声。实验同样设置了不同的情境：学生分别在一人、两人、四人和六人一组的情况下制造噪声。

实验结果再次验证了社会懈怠现象：当学生单独制造噪声时，他们的声音最响亮；随着团队人数的增加，每个人所制造的噪声逐渐减弱。

有趣的是，参与者并没有意识到自己在团队中降低了努力程度。他们普遍认为，无论是单独还是在团队中，他们的努力程度都是一致的。尽管所有参与者都承认团队中确实出现了"懈怠"，但没有一个人愿意承认自己是懈怠的责任者，每个人都觉得自己尽力了。

26 社会懈怠——人多,好"搭便车"

🐻 人际贴士

俗话说"一个和尚挑水喝,两个和尚抬水喝,三个和尚没水喝"。为什么和尚多了,反而喝不上水呢?这其实反映了一个普遍存在的社会现象:当人们在集体中完成任务时,往往会倾向于偷懒。就像在"三个和尚"的故事里,每个人都可能觉得自己少做一点儿没关系,总有人会去做。结果,大家都有这种心理,事情就没人做了,最后反而都喝不上水。

这句俗语不仅适用于和尚挑水的故事,还可以延伸到许多现实场景中。比如:当一群人一起打扫卫生时,总有人会偷偷"划水";当需要团队合作完成汇报时,小组里总会有人"摸鱼"。当大家处在一个团队中,而每一个人所付出的努力又没有被单独评价时,大家就可能会做出"搭便车"的行为。

在"心事驿站"的故事中,小卓之所以会感觉恼火和难受,是因为小组成员都在"搭便车",出现了社会懈怠。小组成员可能认为小卓"能力强",会兜底,因此产生了依赖小卓的心理。小卓在整个研究过程中几乎独自完成了所有核心工作,而那些偷懒的组员却轻轻松松地共享了成果。这种情况让小卓感到不公平,也让团队合作变成了"一个人扛,其他人躺"。

社会懈怠并不是个别现象,而是很多集体活动中都会出现的常见问题。它的出现主要有三个原因:一是责任分散。当任务是由集体共同完成时,个人的责任感会被"稀释"。二是成果难以衡量。如果个人的贡献不容易被单独评价,偷懒的心理便容易产生——反正做多做少都没人知道,少做一点儿也无妨。三是团队规模过大。当团队变得庞大时,个人的努力看起来就像"九牛一毛",从而降低了参与的动力。

社会懈怠现象提醒我们,团队人数多,并不一定意味着力量更大。如果团队成员都抱着"搭便车"的心态,觉得做得好大家都有份,做不好也不是自己一个人的责任,整个团队的效率就会下降。

怎样才能减少社会懈怠现象的出现呢?在团队中,每个人都需要有明确的任务分工,清楚地知道自己的责任所在。如果有人觉得"这个任务我不做也没事",懈怠现象就容易发生。此外,如果任务允许,可以将团队拆分成更小的组,每个小组负责一部分。这样,每个人的工作就会变得更加重要,也更容易被看见,偷懒的空间就会被缩小。

以小卓的情况为例,他一个人负责整个课题比较吃力,就可以把八人团队分成四个小组,每个小组负责课题的一个模块,然后再在小组内进行任务分配,明确每个人的具体职责。这样不仅能让团队的工作效率大大提升,还能避免"有人累死累活,有人光拿成果"的局面。

当我们参与集体活动时,要提醒自己不要做"搭便车"的人。虽然偷懒和"搭便车"的行为在短期内可能让人感到轻松,但从长期来看,这种行为会破坏个人的信誉和人际关系。一个总是在团队中偷懒的人,总有一天会被其他成员识破。当团队需要再次合作或者分配更重要的任务时,这样的人往往会被排除在外。在集体活动中，只有每个人都能够主动承担责任，积极参与，才能真正发挥团队的整体优势，最终实现"1＋1＞2"的效果。

> ❋ **人际交往小 tip：**
>
> 　　人多未必力量大，责任分散往往导致社会懈怠。只有明确分工、各尽其责，团队才能高效合作，避免"搭便车"现象。

27 从众效应
随大流，还是走自己的路

♥ 心事驿站

高考结束后的那个夏天，和千万考生一样，小默面临着人生的一个重要抉择——选择专业。

"你报什么专业"成了同学间最热门的话题。班里的大多数同学都把目光投向了计算机相关专业，他们憧憬着获得高薪工作的光明前景。

小默却对心理学更感兴趣，每次看到有关心理学的书籍和文章时，都会不自觉地被吸引。可是，当她小心翼翼地向同学们提起自己对心理学的兴趣时，却收获了质疑的目光。

在父母和同学的影响下，小默最终选择随大流，填报了计算机专业。"大家都这么选，应该不会错吧？"她这样安慰自己。

然而，大学生活并没有如期待般顺利。小默常常对着电脑屏幕发呆，那一行行的代码在她眼中就像干草一般难嚼。虽然她咬牙坚持下来，顺利毕业并找到了一份工作，但工作的感受只有她自己心里清楚。

每天的工作让小默感到身心俱疲，她不仅要应付甲方客户或产品经理不切实际的要求，还要经常熬夜修改计算机代码中的错

27 从众效应——随大流，还是走自己的路

误。更严重的是，她看到公司里的一些前辈仅仅因为年龄大了，熬不过新人，就被无情"优化"。小默的心里经常会生出一份对人生的迷茫。

有一天，当她又一次加班到深夜，望着办公室的灯光发呆时，她的脑海中闪过一个念头："我的人生难道就要一直这样妥协下去吗？"

经过深思熟虑，小默做出了一个大胆的决定——重拾自己的梦想，报考心理学研究生。备考的日子并不轻松，她白天继续工作，晚上和周末则泡在图书馆里。尽管学习任务繁重，压力也不小，但她发自内心地享受着这段求知的旅程。

小默最终如愿以偿地考上了心理学研究生。毕业后，她成为一名深受学生喜爱的心理老师。虽然这份工作同样充满挑战，有时也会让人感到劳累，但小默十分享受与学生在一起的时光，不断感受到自身的价值与成长，内心无比充盈。

效应解锁

从众效应——个人在面对真实或想象中的群体压力时，会倾向于改变自己的行为和想法，让自己跟大家保持一致。

心理研究

心理学家所罗门·阿施曾设计过一个经典实验，探究人们在群体压力下是否会受到他人意见的影响。

阿施找了100多名大学生来参与实验。每次实验由7人组成一个小组,围坐在一张圆桌旁。这些人看起来都是普通的实验参与者,但其实只有1人是真正的被试,其余6人全都是心理学家的"托儿"(假被试),他们的任务是故意给出错误答案来影响真被试。

实验使用了18套卡片,每套卡片分为两张(见图27-1)。第一张卡片上只有一条垂直线段,称为"标准线段",标记为X。第二张卡片上有三条垂直线段,称为"比较线段",分别标记为A、B、C,其中只有一条和标准线段X长度相等,另外两条则明显比标准线段长或短。

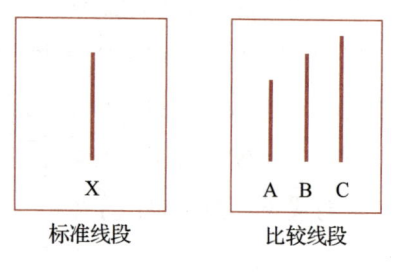

图 27-1

被试的任务很简单:根据自己的观察,从A、B、C三条线段中选出与标准线段X长度相等的那一条。这是一个很直观的判断任务,几乎没有什么难度。当人们单独做这个任务时,几乎没人会判断错。但当7个人一起做这个任务时,情况就变得有趣了。

实验正式开始时,阿施逐一向小组成员展示卡片,并要求每个人依次作答。为了施加"群体压力",其中5名假被试被安排

27 从众效应——随大流，还是走自己的路

在真被试前面回答，真被试总是被安排在第6位。

前几轮实验中，假被试都会给出正确答案，个别假被试偶尔也会答错（为了让真被试不会起疑心）。这时，真被试均能轻松作答，给出正确答案。但从某一轮开始，假被试突然开始整齐划一地选择一个明显错误的答案。

实验结果让人吃惊。最开始，真被试听到前面几个人的错误回答时，可能还会坚持自己的正确判断。但随着实验的继续，有76%的真被试会在某些时候选择放弃自己的直观判断，跟随群体做出同样的选择。

这说明，当我们身处一个群体中时，会倾向于跟随多数人的意见，即使这些意见可能是明显错误的。

🐻 人际贴士

你悠闲地走在大街上，突然看到前面有很多人都在抬头向上看。这时，你会怎么做？大多数人可能会下意识地也抬头看看到底发生了什么。这就是从众效应在起作用。

从众效应在我们的生活中随处可见。看到一家餐厅门口排起了长长的队伍，你可能会觉得这家店应该很好吃，也想去试试；朋友圈里大家都在追一部热门剧，你可能也会忍不住去看看；同事们都忙到很晚才下班，你可能也会不好意思准时走；某款产品火了，你可能也会更愿意买它，而不是其他同类产品。

为什么我们会有从众心理呢？有时候，是因为"求稳"，觉

得跟着大家走不容易出错；有时候，是因为"省事"，不用自己费脑筋思考，可以直接照搬别人的选择；还有时候，是因为我们希望"被认同"，不想显得太特别、太另类，害怕被孤立。相比于做"正确"的事，我们往往更想做"被接纳"的事。

从众可以是积极的，尤其是在不确定的情境下，参考他人的选择可以降低风险，也可以帮助我们更好地融入群体，带来安全感和归属感。但如果一味地随大流，我们可能会错过一些真正适合自己的选择。

在"心事驿站"的故事中，小默原本对心理学有着浓厚的兴趣，但在同学和家长的影响下，她最终选择了填报当时更热门的计算机专业。随大流给她带来了一时的安全感，却导致她在学业和职业上长久的迷茫与不快乐。

幸好小默及时发现了问题所在，她开始认真反思自己的选择，意识到自己一直忽略了内心的感受。她决定不再迎合外界的期待，重新追随自己的兴趣和梦想。在这个过程中，她找到了真正属于自己的方向。

从众效应提醒我们，在群体中，我们很容易忽略自己的声音，把别人的选择当成自己的选择。在重要的人生抉择面前，我们要学会关注自己的需求，试着问问自己："我真的相信这个选择最适合我，还是只是大家都选了它？"只有真正倾听自己内心的声音，才能让每一次选择都更接近自己的真实想法。

随大流不一定对，特立独行不一定错。关键是，我们要有自己的判断力，能够在合适的时候，做出真正适合自己的选择。

27 从众效应——随大流,还是走自己的路

❈ **人际交往小 tip:**

　　适度的从众可以帮助我们更好地融入群体,但人生的意义不在于一味地追随他人,而在于听从自己的内心,找到属于自己的路。

28 去个体化
"隐身"于群体中，丢失自我

❤ **心事驿站**

在朋友和同事的印象里，小杜是个性格温和、谦逊的人。无论是在工作场合还是在日常生活中，他总是言语得体，很少会和别人红脸，大家都觉得他是个好说话、好相处的人。

小杜私底下有点儿"宅"，喜欢在网上冲浪，刷刷微博、逛逛论坛是他放松的方式。当网上出现一些热门话题时，他经常忍不住参与讨论。

这天下班后，小杜如往常一样，随意地浏览着当天的热点新闻和帖子。突然，一个标题醒目的帖子映入他的眼帘。点进去一看，帖子下面已经盖起了高楼，评论区几乎都是对楼主的指责和谩骂。

小杜对帖子的内容其实一知半解，浏览评论的内容后，感觉楼主是个很"自私"的人，便迅速地加入了"声讨大军"，噼里啪啦地打出一连串评论，字里行间充满了尖酸刻薄的嘲讽和批评，毫不留情地攻击着帖子的主人。

发了十几条评论后，小杜心里开始有点儿不安："我说得会不会太狠了？"他很清楚，如果是跟别人面对面，自己绝对不会这么说。但是在网络的匿名机制下，他仿佛变成了另一个人。

他宽慰自己："反正这么多人都在骂他，多我一个也不算什么。而且我是匿名发的，谁知道是我？懒得删了，就这样吧。"

过了一段时间，帖子的主人再次上了热搜。让小杜万万没想到的是，不堪"网暴"的重压，帖子的主人选择了和这个世界说再见。

小杜当天晚上辗转难眠，慌忙地去认真了解事情的真相，这才发现自己"错骂"了对方。他和万千不明真相的网友一人一口"唾沫"，淹没了一个年轻的生命。小杜感到深深的内疚和自责，但一切都已无法挽回。

效应解锁

去个体化——在群体中，由于个体的注意力集中在群体的行为和情绪上，个体的自我意识会降低，行为更加受到群体影响。这种状态下，人们更容易做出不太符合自己平时个性或道德标准的行为。

心理研究

心理学家菲利普·津巴多通过一系列引人深思的研究，揭示了"匿名性"在引发去个体化现象中的关键作用。

他找来了一些女性，把她们分成几个小组，让她们对一个陌生人进行电击（当然，这个电击是可控的，不会真的伤害到别人）。

其中一些小组为"实名制"，组里的四个人互相知道对方的名字，她们的胸前还挂着显眼的名牌，一眼就能认出来是谁。另外一些小组则是"匿名制"，组员穿着宽大的衣服，头上还裹着头巾，把脸都遮住了，根本看不清谁是谁。

结果发现，"匿名制"小组的成员，给陌生人电击的可能性是"实名制"小组的两倍。这说明，当人们隐藏身份的时候，他们的攻击性似乎会大大增加。

另一位心理学家爱德华·迪纳也做了类似的研究，这次的对象是小朋友。迪纳让小朋友们待在一个房间，房间的桌子上有一些糖果。当所有的大人都离开房间后，迪纳通过监控，研究小朋友们偷拿糖果的行为。

对于一些小朋友，在实验前，迪纳问了他们的名字并记录下来，这就相当于"实名制"。对于另外一些小朋友，迪纳没有问他们的名字。这些小朋友就处于一种相对匿名的状态。

结果发现，那些被问过名字的小朋友，即使知道大人不在，自己偷拿糖果不会被发现，也不太会这么做。而那些没有被问及名字的小朋友，偷拿糖果的可能性更高。

迪纳认为，除了匿名性，"自我意识下降"也是导致去个体化的重要原因。为了验证这个想法，迪纳在上面的糖果实验中做了一个小小的改变：他在一些糖果盒子的旁边放了一面镜子。

结果正如预料的那样，那些看到镜子的小朋友，提高了自我意识，在他们中，偷拿糖果的比例大大下降，只有12%。而在没有看到镜子的小朋友中，偷拿糖果的比例高达34%。

这两位心理学家的研究都告诉我们，处于匿名状态，或者自

28 去个体化——"隐身"于群体中，丢失自我

我意识下降的时候，更容易出现去个体化的现象，人们可能做出一些平时不会做的事情。

🐵 人际贴士

为什么有些人平时规规矩矩，融入群体活动中却变得行为失控，甚至做出极端的事情？这可以用去个体化来解释。

理解去个体化的意义在于，它可以帮助我们更好地理解自己和他人在群体中的行为表现。当我们觉得自己只是群体中的一员时，个人在群体中的身份感被削弱，取而代之的是一种更强烈的群体认同感，行为便容易受到群体的影响。

去个体化常常发生在一些群体事件或大规模集体活动中，比如体育赛事后的球迷骚乱、街头游行中的暴力事件、打砸抢行为，以及网络上的集体争论和"网暴"。在这些情境中，人们往往因为融入群体而失去了平时的理性与自我约束。

在网络环境中，去个体化效应尤为明显。网络的匿名性、虚拟身份以及广大的围观群众，让人们更容易产生一种行为上的"无后果感"。人们觉得自己在网络中"看不见、摸不着"，真实身份被掩盖，行为就会变得更加肆无忌惮。

在"心事驿站"的故事中，小杜在现实中是一个温和、友善的人，但在网络上，由于匿名性和群体情绪的感染，自我意识被削弱，他变成了一个"键盘侠"，说出了一些平时根本不会说的话，甚至做出了一些令自己后悔的事情。这种行为，是去个体化

效应的典型体现。

如何避免被去个体化效应左右？当我们融入群体时，常常会不自觉地模仿他人的行为或情绪反应。如果你感到自己正在被群体情绪带动，可以试着停下来问问自己："我是谁？""我真的认同我现在的行为吗？"这些问题能够帮助你重新聚焦于自己的内心，提醒自己不要因为在群体中不容易被发现就做出违背本心的事情。

另外，我们可以给自己设定一套明确的行为准则。例如，坚持理性沟通、不攻击他人、不做出过激行为。这些准则会成为你的行为"底线"，即使在匿名的网络空间，也能提醒你对自己的言行负责。

不管是在群体中还是在网络上，重要的是要意识到，你的每一句话、每一个行为都有可能对他人产生影响。即使你觉得自己只是"随口一说""跟着大家发泄一下"，也可能会对他人造成伤害。

如果你发现自己在某些群体中容易受到去个体化的影响，最好的办法是减少在这些群体中的暴露时间。比如，不要过度参与网络上的争论，或者避免沉迷于情绪化的群体活动，这样可以减少你被群体情绪裹挟的机会。

❋ 人际交往小 tip：

当"隐身"于群体中时，我们容易丢失自我。要克服去个体化的负面影响，关键在于保持自我意识、设定自己的行为准则，必要时离开此群体。

29 睡眠者效应
时间久，信息更有说服力

♥ 心事驿站

小敏今年读大三，目前正在学校备考心理学的研究生。为了实现自己的目标，她每天都在图书馆埋头学习，日子过得紧张而忙碌。

这天晚上，结束了一天的学习后，小敏背着书包，独自走在回宿舍的路上。走着走着，她突然想起，最近一周因为学习太忙，已经好几天没和家人联系了。于是她掏出手机，拨通了家里的电话。

电话那头，不仅有爸妈的关怀，还传来了叔叔的声音："小敏啊，我听说你想考心理学研究生？心理学就业可不太好，尤其是在我们这种五线小城市。你啊，不如考公务员，稳定又有保障。"

听着叔叔的建议，小敏心里一阵不快："叔叔连大学都没读过，懂什么？还对我的选择指手画脚，真是站着说话不腰疼。"尽管有些不以为然，但她还是礼貌地应付道："嗯，我知道了。"随后，她又和父母闲聊了几句，便挂断了电话。

小敏并没有把叔叔的话放在心上，而是继续按部就班地学习。随着备考的深入，她渐渐感到吃力，压力让她的信心一点点动摇。小敏脑海中不自觉地浮现出叔叔那句"不如考公务员，稳定又有保障"。她犹豫了。因为之前一心想着考研，所以她从没认真了解过公务员考试的情况。于是，她打开电脑，开始在网上查阅相关信息。

经过一番深入了解，小敏发现，自己的本科专业——汉语言文学，正是公务员考试的热门专业之一，无论是从报考岗位的数量还是录取的可能性来看，相较于考心理学研究生都更有优势。经过几天的思考，小敏终于下定决心："或许考公务员才是更适合我的路。"她收拾起考研的复习资料，开始为公务员考试做准备。

效应解锁

睡眠者效应——当人们接收到来自不太可信的说服者（比如某天傍晚偶遇的路边小贩）的观点时，往往会本能地保持警惕和怀疑；但随着时间推移（比如睡了一觉后），人们会逐渐忘记说服者本身的可信程度，注意力开始转移到信息的内容上。此时，原本被忽视或被质疑的观点，可能会使我们的态度产生改变。简单来说，最初被拒绝的观点，在时间的作用下，可能会对我们产生影响。

心理研究

心理学家哈罗德·克尔曼和卡尔·霍夫兰设计了一个巧妙的

实验，发现了睡眠者效应。他们招募了一些中学生，将他们分成甲乙两组，让他们看一篇名为《司法制度应从宽处理少年违法者》的文章。

对于甲组的中学生，研究人员告诉他们，文章的作者是一位知识渊博、公正无私和值得信赖的人，即"高可信者"；对于乙组的中学生，研究人员却说文章作者是一位无知、有偏见和不负责任的人，即"低可信者"。

在学生们读完文章后，研究人员要求他们对赞同文章内容的程度进行评分。结果发现，甲组学生的平均评分为50，而乙组学生的平均评分为46，两组相差了4分。这说明：当信息的传递者被认为是高可信者时，读者更容易接受文章的观点；而当传递者不被信任时，说服效果则会被削弱。

三周后，研究人员再次联系这些学生，询问他们对文章内容的态度。不过，这次实验又有了一个新的设计：每组的参与者被平均分成两部分。一半的学生会被重新提醒文章作者的背景信息，即高可信者或低可信者。另一半的学生则不再被提及信息传递者的背景。

结果发现，对于重新被提及作者背景的学生：甲组学生的评分下降到48.8，乙组学生的评分下降到44.8，两组仍然相差4分。这说明，作者的可信性仍然对学生的态度产生影响，差异并没有消失。

对于不再被提及作者背景的学生：甲组和乙组的评分几乎没有差别，分数趋于一致。这说明，随着时间推移，信息传递者的可信性对说服效果的影响会逐渐减弱，人们会变得更关注信息内容本身。

🐾 人际贴士

为什么不靠谱的人说的某些话，当下惹你反感，但过段时间后却让你觉得有道理呢？这是一个很有意思的现象，和心理学中的睡眠者效应有关。

一般来说，我们评判别人说的话，不仅仅关注话本身的内容，还会下意识地考虑说话者的"可信度"。如果我们不信任或者讨厌说话者，他们说的话的价值就容易"打折扣"，甚至被完全否定。

可间隔一段时间后，睡眠者效应会开始发挥作用。这时候，之前那个"说话的人不靠谱"的印象会慢慢淡化。我们不会再纠结于"是谁告诉我的"，而是开始关注事情本身。如果事情本身确实有道理，或者符合我们的经验，我们就更容易接受它，从而改变自己的想法。

在"心事驿站"的故事中，小敏一开始对叔叔的建议并不认可。她认为叔叔的文化水平不高，根本不了解心理学专业的前景，因此不重视他的想法。然而，随着时间的推移，小敏在备考中因为跨专业而感到力不从心。这时，她回想起叔叔的建议，突然觉得"似乎也有点儿道理"。这就是睡眠者效应的典型表现：最初被忽视甚至反感的建议，经过时间的沉淀，可能会被重新评估和接受。

我们平时也可能会有类似的经历。比如，商家在推广某款产品时，会通过铺天盖地的广告来吸引我们的注意。这些广告一开始让人觉得很烦，我们对其不屑一顾。但过了一段时间，当需要购买类似产品时，那些我们原本觉得无聊的广告信息可能会浮现在脑海中，悄悄影响我们的选择。

当然，我们也可以利用睡眠者效应来影响他人。如果你想说服别人接受你的观点，但对方一开始对你的建议持怀疑态度，不要气馁，时间可能会成为你的盟友。即使对方一开始不相信你，只要你的信息足够有道理，时间就可能会帮你完成说服的"后半程"。

> **人际交往小 tip：**
>
> 信息的影响并不总是立即显现的。即便信息来源不够可靠，一段时间后，信息本身仍有可能影响我们的态度和决策。

30 刻板印象
唉,被"贴标签"了

❤ **心事驿站**

当一些同龄的女孩子在玩洋娃娃时,小婉却总是喜欢蹲在路边,目不转睛地盯着各式各样的汽车。等长大一些,有了可以自己支配的零花钱后,她会兴奋地把钱都花在买汽车模型上。

上了高中后,别人都忙着挑选热门专业,小婉最好的朋友小夏也选择了计算机专业,她却下决心要学汽修。父母一开始强烈反对,觉得这行又累又脏,但拗不过她,只能无奈地同意了。

进入大专汽修专业后,小婉几乎成了学院里最出名的学生,不仅因为她是为数不多的女生,还因为她的技艺。无论是拆装发动机还是调试刹车系统,她总是能比其他同学快一步、准一点。老师也特别欣赏她,认为她有天赋。

三年的大专时光,小婉过得充实又快乐。她以为凭借自己的实力,毕业后一定能在汽车修理行业闯出一片天地。然而,现实并没有她想的那么简单。即将毕业时,小婉满怀信心地开始找工作,迎接她的却是老板们质疑的目光。

"你确定要当修车工?这是个粗活儿,你一个女孩儿能行吗?"

"我们这儿不招女生,修车得靠力气,你当兴趣玩玩可以,真干不了。"

"去前台吧,前台适合你,修车真不是女孩子的活儿。"

小婉一天跑了三家修理厂,都无功而返,心情从满怀期待变成失落。更让她难过的是,那些在学校里修车技术不如她的男同学,却一个个轻松地找到了工作。

小婉心里酸涩得说不出话。她明明有技术,也有热情,可为什么因为是个女孩,就被一次次拒之门外?

🔒 效应解锁

刻板印象——人们对某一群体产生的比较固定、概括而笼统的看法。这种印象通常是基于有限的信息或社会偏见形成的。刻板印象既可能是正面的,比如"犹太人很聪明",也可能是负面的,比如"老年人保守、封建"。

👁 心理研究

心理学家阿列克谢·包达列夫设计过一个有趣的实验,证明了刻板印象的存在。这个实验通过一种简单的方式,生动地展示了这种现象是如何影响我们对他人的看法的。

在实验中,包达列夫向两组大学生展示了同一张人物照片。有意思的是,他在展示照片之前,分别给两组学生提供了完全不同的背景信息。

具体来说,研究人员告诉第一组大学生:"这是一个恶贯满盈的罪犯。"而对第二组大学生，研究人员介绍道："这是一位伟大的科学家。"随后，研究人员请两组学生描述照片中人物的面部特征及其传达的个性特点。

结果发现，两组学生对同一张照片的评价竟然截然相反！

第一组学生的描述带有明显的负面色彩：他们认为此人"眼窝深陷，流露出内心的仇恨和阴暗""下巴突出，显示出其执迷不悟、一意孤行的性格"。

第二组学生则给出了完全不同的积极评价：他们觉得此人"眼窝深陷，表示了他思想的深度""下巴突出，体现了其在追求真理的道路上不畏艰难的坚强意志"。

为什么会出现如此鲜明的对比呢？原因其实很明显：刻板印象在作祟。人们往往会基于已有的信息给不同的人群贴上某种标签，而这种标签会直接影响人们对他人外貌特征的解读。当学生认为照片中的人是罪犯时，自然会把面部特征解读为"仇恨""阴暗""执迷不悟"；而当他们以为这是科学家时，则会从同样的特征中看出"思想的深度""坚强意志"。

人际贴士

提到"北方人"时，你的脑海中会浮现怎样的形象？是身材高大、性格豪爽、为人仗义的模样吗？那如果提到"南方人"呢？"温婉""细腻""精明"这样的词语是不是迅速地从你的脑海里蹦了出来？这其实就是一种刻板印象。

30 刻板印象——唉,被"贴标签"了

刻板印象就像我们贴在人身上的标签。这种"标签"有时是有用的,因为它基于某些真实的现象或经验,可以帮助我们快速地对人或事进行初步判断。但问题在于,这种快速判断有时是片面的,甚至是错误的。如果我们轻易地给别人"贴标签",这可能会影响自己对他人的态度,也可能会让他人感受到不公平。

在"心事驿站"的故事中,小婉是一名汽修专业的学生。她不仅热爱这个行业,而且在学习中表现优异,甚至比许多男生更有天赋。然而,她去求职时,却屡屡遭到雇主的拒绝,理由并不是她的能力不足,而是她的性别。雇主们认为"女性天生不适合汽修工作",这是一种典型的性别刻板印象。这种偏见完全忽视了小婉作为一个独立个体所具备的技能和潜力,不仅影响了她的职业发展,也让公司错失了一名真正热爱并能胜任这份工作的优秀员工。

类似的事情在我们的日常生活中并不少见。我们可能无意间成为刻板印象的"制造者",也可能是它的"受害者"。比如:有人可能会认为年轻人就爱瞎折腾,缺乏敬业精神;有人可能觉得酷爱阅读的人一定是"书呆子"。这些刻板印象常常让人忽视了每个个体的独特性,而且由于其很难察觉,可能无形中伤害被"贴标签"的人。

"人心中的成见是一座大山,任你怎么努力都休想搬动。"刻板印象往往是认知层面的,它是我们对某个群体的固有看法,较难改变。当这种认知进一步演变为情绪化的反应时,比如对某个群体产生厌恶,类似于"你是谁不重要,但是你属于某一类人,

我就讨厌你",这就形成了偏见。如果偏见进一步延伸到行为层面,比如招程序员时只招男性不招女性,这就形成了歧视。所以,有刻板印象就容易催生偏见,有偏见就容易产生歧视。

刻板印象的形成是很自然的,因为人脑总是喜欢用分类的方式来简化信息。但这并不意味着我们无法避免它的负面影响。当我们面对一个人时,可以把目光从"标签"转回个体,试着多去了解对方的实际情况,而不是用标签化的思维去定义他。

❋ 人际交往小 tip:

　　刻板印象虽有时能帮我们快速地判断人和事,但也可能让我们忽视每个人的独特性。学会用开放的心态去了解别人,而不是简单地给对方"贴标签"。

31 认知失调
不好，想法和行为干架了

❤ **心事驿站**

大学毕业后的第三个月，小杜在一家小型广告公司找到了工作。这份工作并不轻松，每天的任务繁重，常常需要加班，工资却微薄。

记得刚入职的时候，小杜也曾抱怨过工资太低、工作太累。但主管总是语重心长地开导他："小杜啊，你要知道，现在工作不好找，能有一份稳定的工作就很不错了。而且我们这份工作虽然辛苦，但很锻炼人啊！"渐渐地，小杜说服自己接受了这种说法。

有一天，小杜的大学好友小夏约他出来吃饭。小夏在一家知名企业工作，工资高，福利好。工作虽然也忙碌，但与生活平衡得很好。

两人在饭桌上聊起了近况。当听说小杜每天晚上都加班到12点，周末还经常被临时叫去加班，却拿着微薄的工资时，小夏皱了皱眉头，忍不住劝他："小杜，你这工作也太辛苦了吧。你不觉得不值得吗？以你的能力，完全可以找到更好的工作啊！"

面对小夏的关心，小杜略显尴尬地笑了笑："也还好吧，毕竟刚毕业,哪里能要求那么多呢?再说,我做得挺开心的,能学到不少东西。"说着,他急忙转移话题,聊起了他们共同的大学往事。

小杜回到家后,小夏的话不停地在他的脑海中回荡:"你不觉得不值得吗?"他也曾思考自己的处境,但每当萌生出"不值得"的念头时,他便会为自己找理由。

"其实我很喜欢这份工作,钱少一点儿没关系。领导虽然要求高,但也是为了让我们更好地成长。"就这样,小杜又一次用这种自我安慰的方式,暂时平息了内心的躁动。

效应解锁

认知失调——当我们的想法、信念或态度之间相互冲突,或者我们的想法与实际行为不一致时,就会产生认知失调。比如,有些人明明知道吸烟有害健康,却还是经常忍不住点上一根。

处于认知失调状态时,我们会感到紧张和不适。为了摆脱这种不舒服的感觉,我们要么改变自己的行为,要么改变自己的认知,只有这样才能调节这种心理冲突。比如,要么下定决心真的开始戒烟,要么用"有些人一直抽烟也活到了80多岁"来为自己开脱。

心理研究

如果让你做一项非常无聊的工作,事后给你一笔丰厚的报酬，你会因此改变对这份工作的看法吗？为了研究这个问题，心理学家利昂·费斯廷格和卡尔·史密斯设计了一项经典实验。

研究人员让参与者完成两项极其无聊的任务。第一项任务是解开线团或绕线，第二项任务是在木板上反复摆弄48根小木棍，每项任务持续30分钟。

完成任务后，研究人员告诉参与者，由于人手不够，希望他们能够帮个忙，具体内容就是告诉下一个进来的人"这项工作非常有趣"（撒谎）。

参与者被随机分为三组，分别获得不同的报酬：无报酬组的参与者只需要如实描述工作情况，不需要撒谎，也不获得报酬；高报酬组的参与者撒谎后可以获得20美元的报酬；低报酬组的参与者撒谎后能够获得1美元的报酬。

最后，所有参与者需要填写一份问卷，说明他们对这项工作的真实态度，评分范围从"-5"（非常不喜欢）到"+5"（非常喜欢）。

实验结果出人意料：无报酬组的平均评分为"-0.45"，表现出明显的消极态度；高报酬组的平均评分为"-0.05"，态度稍有好转，但仍然是消极的；低报酬组的平均评分为"+1.35"，表现出较高的喜爱。

为什么低报酬组的参与者反而更喜欢这份无聊的工作？费斯廷格用认知失调理论对此进行了解释。

人们通常认为自己是诚实的，但在实验中，高报酬组和低报酬组的参与者需要撒谎说"这项工作非常有趣"，这就与他们内心真实的想法"这项工作很无聊"产生了冲突。这种"心口不一"的矛盾会让人感到不舒服,即认知失调。费斯廷格认为,为了消除心理上的失调感,人们会想办法把自己的行为合理化。

对于获得20美元的高报酬组,他们可以轻松用高额报酬为自己的撒谎行为找到理由:"我撒谎是因为钱给得多,值了。"因此,他们的失调感较弱,对工作的态度没有明显改变。

对于获得1美元的低报酬组,他们很难用这点微薄的报酬合理化自己的撒谎行为。为了缓解失调感,他们会改变内心对工作的看法,告诉自己:"其实这项工作也没那么糟,我还是挺喜欢的。"这样一来,他们的态度和行为就变得一致了。

这个实验说明,人们为了消除认知失调,会调整自己的态度,使其与行为保持一致。越是无法用外部因素解释的行为,越容易促使人们改变内心想法。这也解释了为什么有时候"低报酬"反而能让人对一件事情产生更积极的态度。

🐻 人际贴士

"认知失调"这个词乍一听有点儿"高大上",似乎离我们的日常生活很远。但其实,它常悄悄发生在我们身上。你买了一件不太满意的商品,却懒得退货,于是安慰自己:"算了,留着备用也行吧。"你明明计划好要学习,却刷手机、玩游戏,一拖再拖,还给自己找借口:"玩一会儿再学,效率会更高。"你正在减肥,但还是没忍住暴饮暴食,然后自我安慰:"吃饱了才有力气

31 认知失调——不好，想法和行为干架了

减肥嘛!"这些看似不起眼的"自我安慰"，其实都是缓解认知失调的方式。

在人际交往中，认知失调也很常见。比如，一个男生对一个女生产生了一些好感，开始追求这个女生，但女生似乎对他不感兴趣，于是男生放低姿态，通过不断地付出来讨好对方，试图使对方感动。但是无论男生为这个女生做多少事情，送多少礼物，女生依然无动于衷。然而，当男生想要放弃时，却发现自己早已越陷越深，无法抽身。

其实，这可以看作认知失调在起作用。男生一开始对女生只是有些好感，但随着付出越来越多，"有些好感"已无法解释他付出的程度。为了避免认知失调，男生只能认为自己一定深深爱着对方。然而，从女生的角度来看，这个男生为自己付出了这么多，自己却始终没有答应和对方在一起，那一定是因为自己真的不喜欢对方。如果不这么想，这个女生也会感受到认知失调。这就是为什么在大部分情况下，"上赶着不是买卖"。

有些情况下，认知调整是帮助我们适应环境、减少内心冲突的方式。但在另一些情况下，过度"自我欺骗"可能会掩盖问题，阻碍我们面对自己的真实需求和改变现状。

在"心事驿站"的故事中，小杜的经历就是一个典型案例。他工作很努力，但收入和付出不成正比。面对内心的不满，他本可以选择寻找更好的工作来改变现状，但他没有这么做，而是调整了自己的认知。他对自己说："其实我很喜欢这份工作，钱少一点儿没关系。"这样一来，他的内心得到了暂时的平衡，不再

那么纠结。

　　不过，这种心理调适并不意味着问题真的解决了。实际上，小杜只是用认知调整的方法，让自己暂时感到舒适，从而避免正视内心的不满。这种方式虽然能缓解情绪，但如果长此以往，很可能会让他忽略真正的问题，错失改变的机会。

　　有时候，态度的改变并非那么理智。理解认知失调效应能帮助我们更好地认识自己的心理活动。当我们的想法和行为"干架"时，与其急于用自我欺骗的方式来消除矛盾，不如静下心来，认真倾听内心真实的声音。在这个过程中，我们也许会发现，那些看似矛盾的地方，恰恰是我们成长和改变的契机。

❋ **人际交往小 tip：**

　　适度的认知调整有助于缓解内心的冲突，但过度的自我欺骗可能会阻碍我们的改变。学会倾听内心真实的声音，将矛盾转化为成长的机会。

第二节

我如何影响他人

32 德西效应
奖励,未必总是好事

❤ 心事驿站

小夏有个聪明可爱的小表弟,名叫小新。小新是个一年级的小学生,对这个世界充满了好奇。在他眼中,学习是一件充满乐趣的事情,每当跟着老师解开心中"问号"时,他都会感到很开心。

第一学期期末考试前,爸爸妈妈温柔地问小新:"宝贝,这次考试有信心吗?"小新歪着头想了想说:"这是我第一次考试呢,我也不知道能不能考好。不过如果考好了,我一定会特别开心。"

爸爸听了,笑着拍了拍小新的肩膀:"那咱们定个小目标吧。如果你这次能考个好成绩,爸爸就奖励你一部儿童手表,怎么样?"考出好成绩还能买手表,小新顿时兴奋得跳了起来。

期末考试成绩出来了,小新果然不负众望,考了全班第一名,全家人都为他感到高兴。爸爸也兑现了承诺,带着小新去商场,挑了一部他心仪已久的儿童手表。看着戴在手腕上的手表,小新心里别提多开心了。

第二学期考试前,爸爸又承诺如果小新继续保持第一名就买一套热门盲盒。小新再次以优异的成绩达到了目标。到二年级,奖励升级到了价值 2000 多元的 switch 游戏机。

第四次期末考试前,不等爸爸开口,小新就主动凑到爸爸面前,笑嘻嘻地问:"爸爸,这次我要是又考第一名,你准备给我买什么呀?"

爸爸有些为难地说:"小新,再买那么贵的东西,家里会有点儿吃不消。这样吧,你要是再考第一,我就带你去吃一顿麦当劳,怎么样?"小新噘着嘴说:"要是只能吃麦当劳的话,我就随便考个前十名算了,不用考第一了!"

爸爸听了很生气,严肃地告诉小新,学习是他自己的事情。可无论爸爸怎样和小新沟通,小新都认为,不给他买贵的东西,努力学习就没意思。

效应解锁

德西效应——当一个人本来因为兴趣或内在动机去做某件事时,如果外界给予了太多的奖励,反而会削弱他对这件事的兴趣和主动性。简单来说,过度的物质奖励可能会破坏人们原本的内在动机。

心理研究

心理学家爱德华·德西与理查德·瑞安进行了一项开创性的实验研究,首次证实后来被称为"德西效应"的心理现象。

实验设计巧妙而简单:研究人员随机挑选了一些学生,让他们解答一些颇具趣味的智力难题。在实验的最初阶段，所有学生都没有任何奖励，大家纯粹是出于兴趣去尝试解题。之后，研究人员将学生分成两组：一组在解答每一道难题后都会得到一定的物质奖励，另一组则没有任何奖励。

有趣的是，在随后的休息时间或自由活动阶段，研究人员观察到这样一个现象：那些在解题过程中获得奖励的学生，虽然在有奖励的情况下表现得非常积极，但在自由活动时间里对解答难题的兴趣明显下降，只有极少数人会主动继续思考那些未解决的难题。相比之下，那些没有获得过奖励的学生，却表现出了更高的主动性和持续的兴趣，他们中有更多人在休息时间里仍然热衷于继续挑战尚未解出的难题。

这个实验结果说明，当人们出于纯粹的兴趣从事某项活动时，过度使用外部奖励可能会产生反效果。这是因为外部奖励会让他们把注意力从"我喜欢做这件事"转移到"我为了奖励才做这件事"上。一旦这些外部奖励被取消，原本的兴趣和动机也会随之减弱。也就是说，外部奖励虽然能在短期内激发行动，但从长期来看，它可能会削弱人们的内在驱动力。

🐾 人际贴士

关于德西效应，有这样一则趣味故事：在一个小村庄里，一位老人正在休养。然而，他住处附近的孩子们却总是喧闹不已，吵得老人无法好好休息。老人多次劝阻，但孩子们依旧我行我素。于是,老人灵机一动,想到了一个法子。

他把孩子们都叫到一起,告诉他们:"谁叫得大声,我就会给谁奖励。"孩子们听了十分兴奋,觉得这简直是个天上掉馅饼的好事。于是,他们玩得更加起劲,叫得比以往更大声。每次吵闹后,老人会根据他们的表现分发不同的奖励。慢慢地,孩子们习惯了这种"用吵闹换奖励"的模式。

过了一段时间,老人开始慢慢减少奖励的数额。孩子们虽然有些不满,但仍然继续玩耍和吵闹。终于有一天,老人告诉他们:"我不会再给你们奖励了。"孩子们顿时十分失落,觉得自己辛辛苦苦吵闹,却没有得到应有的回报。于是他们抱怨:"不给钱了,谁还给你叫啊!"从此以后,孩子们再也不在老人家附近吵闹,村庄也恢复了宁静。

这个故事展示了老人如何巧妙地运用德西效应来改变孩子们的行为。最初,孩子们吵闹是因为他们自己觉得好玩,这是他们的"内在动机"。但老人通过奖励,将他们的动机从内在的"玩乐"转变为外在的"奖励"。当奖励消失时,孩子们失去了继续吵闹的动机,最终自发停止了这种行为。

这个故事告诉我们,奖励并不是万能的激励手段,在教育孩子或其他情境中,应该谨慎地使用外部奖励。

在"心事驿站"的故事中,小新一开始对学习充满了好奇心和兴趣,这是一种内在动机。但当他的父母开始用物质奖励(儿童手表、热门盲盒、switch 游戏机)来激励他取得好成绩时,小新的注意力逐渐从学习本身转移到了这些外部奖励上。随着奖励的不断升级,小新对奖励的期望也在增长,以至于当爸爸提出只能带他吃一顿麦当劳作为奖励时,他感觉很失望,甚至认为不再值得为之努力学习。这意味着外部奖励已经取代了小新对学习本身的兴趣,成为他学习的主要动机。

在生活和工作中,我们也常常会用奖励的方式来激励别人,比如:给孩子发零花钱,让他们完成家务;给员工发奖金,鼓励他们完成任务。物质奖励的确容易让人产生短期驱动力,但从长远来看,精神层面的认可和满足更能帮助人们保持内在兴趣。

与其总想着"我能给对方什么样的奖励",不如换个思路:"我能如何帮助对方找到这件事的意义?"只有当一个人真正发自内心地想要去做好一件事时,在内在动机的持续驱动下,他才能获得好的结果。如果我们一味通过外部奖励来引导他人的行为,最终很可能会适得其反。

❈ **人际交往小 tip:**

外部奖励看似能提高积极性,实则可能削弱人的内在动机。培养内在兴趣,比单纯依赖物质奖励更能唤醒人的潜能和热情。

33 中心路径与外周路径
说服别人，选对路径超重要

● **心事驿站**

小羽在一家大型商场担任销售经理，负责各品牌的手机销售。她总能迅速抓住顾客的"痛点"，用最合适的方式说服他们购买，因此经常拿下销冠。

这天下午，一个穿着格子衫、戴着眼镜的男生走到手机柜台旁，微笑着问小羽："最近有没有什么新款手机？"通过简单交谈，小羽很快就摸清了这位顾客的需求——他是个游戏发烧友，对手机的性能要求比较高。

抓住这个关键点，小羽开始了她的专业解说："这款手机最大的特点就是它的游戏性能。它采用了最新一代的旗舰处理器，配合高规格的散热系统，运行速度快到'飞起'，丝毫不卡顿，即便玩大型游戏也不会发烫。"

男生显然被说得有点儿心动。趁热打铁，小羽又详细介绍了手机的屏幕显示效果、续航能力和其他高端配置。她一边介绍，一边现场演示各项功能，专业的讲解很快打动了这位注重性能的男生。

过了一会儿，一个打扮时尚的女生来到柜台，让小羽推荐一款好看的手机。小羽一看，比起性能，这个女生显然对手机外观更在意。她立刻调整了策略："小姐姐，看您这么时尚，我觉得这款新上市的小折叠屏手机特别适合您。它不仅颜值高，设计也特别精巧。"见女生有点儿兴趣，小羽继续说道："不仅如此，这款手机还有专属配件，您可以把手机像一个小包一样斜挎在身上，特别方便又显气质。现在好多明星都用这款手机，您背上它，绝对时尚又有范儿！"

女生一听更是心动，拿起手机仔细翻看了一下，又试了试折叠功能，嘴里忍不住夸了一句："哇，这手机'颜值'真的可以！"小羽趁机又介绍了手机自带的美颜拍照功能，女生听得越来越满意，爽快地下单了。

就这样，小羽用不同的说服策略，成功地在一小时之内售出了两款高端手机。

效应解锁

中心路径与外周路径——说服可能通过两种途径产生：

说服对象有动机、有能力对一个问题进行深入思考，这种时候适合使用说服的"中心路径"。这是一种基于理性和逻辑的说服方式，注重用具体的论据来说服对方。

说服对象缺乏动机或能力，这种时候则更适合采用"外周路径"。外周路径更多依靠情感、氛围等外在因素，比如一个动人的故事、一句幽默的话，甚至一种让人感兴趣的形象，来影响说服对象的态度。

33 中心路径与外周路径——说服别人，选对路径超重要

◉ 心理研究

心理学家理查德·佩蒂及其团队设计了一个巧妙的实验，旨在探讨针对不同人群，采用什么样的说服方式效果会更好。

他们邀请了一群大学生参加实验，让这些大学生听一场关于"大学毕业前是否需要通过主修课综合考试"的演讲。为了模拟不同情境，研究人员将参与者分为两组，并向他们传递了不同的信息。

对于第一组学生，研究人员告诉他们，这项政策正在被学校认真考虑，并可能在近期实施。这意味着，这项政策和他们的学业息息相关，直接影响他们能否顺利毕业，因此这组学生被归为"高个人关联性"者。

对第二组学生，研究人员则告诉他们，这项政策要等到十年后才可能实施。显然，这对他们的学业几乎没有什么直接影响。因此，这组学生被归为"低个人关联性"者。

该实验还设置了两个关键变量，来观察不同因素如何影响学生的态度：

第一个变量是"论据的强度"：一半的学生听到的是强有力的论据，比如"综合考试能促进教师提升教学质量"；另一半学生听到的则是较弱的论据，比如"大多数学生愿意接受挑战，参加考试"。

第二个变量是"演讲者的身份"：一半的学生被告知演讲者是一位知名大学教授；另一半学生则被告知演讲者是一名普通的

学生。

在听完演讲后，所有参与者都需要根据自己的看法，对支持政策的程度进行打分（评分范围从 –10 到 + 10）。

研究结果发现：人们接受说服的方式会因为个人关联性的高低而不同。如果议题和自己密切相关，比如考试政策会直接影响自己的毕业，人们会更倾向于"仔细听内容"，关注演讲中的论据是否有逻辑、有说服力。而如果议题和自己关系不大，比如政策要十年后才实施，人们通常不会花太多精力去深究，而是更看重演讲者的身份，比如对方是不是权威人士，然后凭直觉做出判断。

这个实验揭示了人们在接受说服时存在两种思维路径：当人们有动机对一件事进行深入思考时，他们更倾向于通过理性分析（中心路径）来评估信息；而当人们缺少动机时，他们更容易受权威性或其他外部因素的影响（外周路径）。

🐯 人际贴士

无论是销售产品、提供建议还是争取支持，我们都需要让他人认同并接受我们的观点。如何才能更好地说服别人呢？此刻，中心路径和外周路径就该闪亮登场了。

在"心事驿站"的故事中，小羽的成功正是因为她能够灵活运用这两种路径，根据顾客的需求来调整自己的谈话方式。面对那个对手机性能感兴趣的男生时，小羽选择了中心路径。她详细

33 中心路径与外周路径——说服别人，选对路径超重要

介绍了手机的游戏性能、处理器、散热系统等具体参数，用实实在在的数据打动对方。

而当她面对那个更关注外观的女生时，她意识到对方可能对性能并不感兴趣，于是选择了外周路径，在介绍手机的时尚设计时，着重突出明星同款，让女生感觉使用起来很有范儿，最终使其满心欢喜地下单了。

中心路径和外周路径没有高低之分，只是各自适用于不同的场景。中心路径更适合那些需要理性决策或有长远影响的场景，比如商务谈判、求职面试，或者学术讨论。这是因为通过中心路径形成的态度通常更稳定，也更容易带来行为的改变。举个生活中常见的例子：在求职面试时，如果你只是说"我性格开朗，大家都喜欢和我共事"，就显得太空洞了，不如用具体的数据和案例来展示自己的能力，说服面试官。

当对方对话题的兴趣不高，或者场合比较轻松时，外周路径的效果往往更好。比如在社交场合中，如果你试图用严谨的逻辑去证明自己观点正确，可能只会让人感到无聊，甚至不耐烦。相反，一个有趣的故事、一句幽默的调侃，或者一点儿情感共鸣，更能打动对方。

值得注意的是，并不是说男性更适合中心路径，而女性更适合外周路径。策略的选择取决于接收者对话题的动机与其知识背景。比如，一位化妆品专柜的推销员在面对女性消费者时，往往需要深入介绍化妆品的适用肤质、功能、起效原理、成分是否安全、品牌等，此时使用中心路径效果会更明显。但如果推销员面

对的是一位连口红色号都分不清楚的男性消费者，则利用明星效应以及描述女朋友收到礼物时的心动场景等外周路径，往往会更有效。

中心路径和外周路径也不是彼此对立的。很多情况下，结合这两种路径能够达到更好的效果。比如，在新产品发布会上，产品经理通常会用外周路径抓住观众的注意力，通过一个个引人入胜的故事，吸引大家的兴趣，然后再结合中心路径，用具体的数据来支撑自己的观点，让观众对新发布的产品产生信任。

无论是"理性"的中心路径，还是"感性"的外周路径，最终的目标都是让我们的观点更容易被接受，让沟通变得更有意义。

❈ **人际交往小 tip：**

说服他人需要根据场景选择合适的方式：用中心路径打动"理性"，用外周路径触动"感性"。灵活运用两者，能产生更好的沟通效果。

34 好心情效应
心情好，说服事半功倍

♥ **心事驿站**

小新最近特别想要一台平板电脑，他看到同学们用平板电脑画画、学习、看视频，心里羡慕极了。

一天放学回家，小新鼓起勇气去找妈妈说这件事。妈妈正在厨房切菜，神情看起来有些疲惫，旁边的桌子上还堆着一大堆没洗的碗。小新小心翼翼地开口："妈，我想买个平板电脑……"话还没说完，妈妈就皱着眉头打断了他："平板电脑？你知道咱们家最近开销有多大吗？哪还有闲钱买这个！"

小新被怼得一句话也说不出来，只好低着头悻悻地回到房间。他心里暗暗想：看来妈妈今天心情不好，还是别再提了，免得自讨没趣。不过，他并没有放弃买平板电脑的想法，只是决定等一个更合适的机会再说。

终于，机会来了。一个周末的下午，阳光明媚，吃完午饭后，爸爸妈妈坐在客厅里看电视。电视里放着一档搞笑的综艺节目，爸爸妈妈都笑得前仰后合，气氛轻松愉快。

小新端着刚倒好的茶水走过来，递给爸爸妈妈。妈妈接过茶，夸奖道："哟，我儿子越来越懂事了！"小新挠了挠头，笑着说："最近我在学校表现挺不错的，老师还夸我进步很大呢！"妈妈听了，脸上露出了欣慰的笑容。

见妈妈心情不错，小新觉得时机成熟，连忙接着说："其实，我有个小小的愿望……我想买一台平板电脑，这样我可以用它做题、画画，还能查资料，对学习肯定有帮助！"

妈妈思考了一会儿，说："如果平板电脑真能用来学习，那倒是可以考虑。不过，你可不能用来玩游戏啊！"见妈妈答应了，小新开心得连连点头："绝对不会！我保证！"最终，小新如愿以偿。

效应解锁

好心情效应——人们的态度往往会受到心情的影响，当信息能与人的好心情相联系时，它会变得更有说服力，更容易被接受。

心理研究

耶鲁大学的心理学教授欧文·贾尼斯等人做过一个有趣的实验。他们将学生分成两组，让这些学生阅读相同的材料。其中一组学生在阅读时可以享用花生和可乐这些令人心情愉悦的零食，另一组学生则只是单纯地阅读材料。

结果发现，那些边吃边喝的学生更容易接受材料中的观点。也就是说，愉快的体验，比如美味的小零食和饮料，可以让人变得更容易被说服。

34　好心情效应——心情好，说服事半功倍

肯特州立大学的心理学教授马克·加利佐和克莱德·亨德里克通过另一项研究进一步验证了这个现象。他们发现，配有轻松吉他伴奏的民歌，比没有伴奏的民歌更能打动学生。轻松的音乐似乎能让人放松心情，在这种状态下，人们对信息的接受程度会更高。

这两个研究都表明，人的情绪状态会对信息的说服力产生影响。无论是通过美食和饮料带来的愉悦感，还是通过音乐营造的轻松氛围，都可以让人更容易接受外界传递的信息。

人际贴士

为什么许多商家在顾客购物时会播放轻快的背景音乐？为什么人们喜欢在饭桌上谈生意？这些其实都是基于好心情效应的实践。

心理学家发现，情绪与认知之间是存在密切联系的。当人心情愉快时，会变得更加开放、宽容，同时对周围的积极信息更敏感。简单来说，心情好时，人们更倾向于关注事物的积极面，也更容易被说服和接受新事物。

因此，在人际交往中，当你想要说服别人做某件事时，最好考虑对方的情绪状态。如果别人心情正好，你的提议就更有可能被接受。要是人家正烦着，你此时提出要求，很可能会被直接拒绝，甚至引起反感。

在"心事驿站"的故事中，小新第一次向妈妈提出买平板电

第三篇 互影响

脑的请求时，妈妈正忙着做饭，疲惫不堪，情绪不佳。结果就是，妈妈毫不犹豫地拒绝了小新的请求。但当他在父母观看综艺节目、心情愉悦的时候再次提出时，就成功得到了许可。可见，在好心情的影响下，人们更容易接受别人的请求，并做出更加积极的回应。

理解好心情效应后，我们可以在工作和生活中巧妙利用这一心理现象，提升自己的影响力。

在工作中，如果你的领导刚刚完成一个重要项目，或者争取到了新客户，这时就是一个绝佳的沟通时机。无论是提议新想法、争取资源，还是提出涨薪需求，都会更容易被接受。

在生活中，如果你的家人或朋友刚看完一部让人开心的电影，或者在某件事情上感到特别满足，你就可以趁机提出你的想法，比如去旅行、买某件东西，这时你会更容易获得支持。

当然，并不是每次都能碰上对方心情愉快的时候。如果对方情绪低落，你可以先通过一些小行动改善对方的心情，比如送个小礼物、说些暖心的话，或者陪伴对方做一些他们喜欢的事。当对方情绪逐渐好转后，你再提出请求，这样成功的概率就会大大提升。

❋ **人际交往小 tip：**

当我们希望说服他人时，可以先用自己的情绪"小雷达"探探对方的状态。挑个好时机，说服之旅会变得更加轻松和愉快。

35 权威效应
威望高,一句顶十句

❤ **心事驿站**

小夏在一家规模不小的互联网公司担任产品经理。公司最近正在开发一款新产品,小夏被安排负责其中一个功能模块的推进工作。

在产品立项会上,小夏向各部门介绍了自己这一模块大胆又细致的工作方案,但各部门负责人却提出了各种不同的意见。小夏觉得大家的顾虑都有道理,但她认为自己的方案并不是无法实现的。她积极与各部门负责人沟通,试图找到折中的解决办法。但讨论了很久,依然没有取得实质性进展。

面对这种情况,小夏感到非常沮丧,工作推进的困难让她倍感压力。她忍不住向资深的产品经理老刘请教:"刘哥,为什么我每次推进工作时,大家都有不同的意见,结果什么都做不成呢?"

老刘笑了笑,语重心长地说:"小夏啊,你太过于追求'沟通'了。沟通当然重要,但有时候我们需要懂得'借力'。作为产品经理,你在某种程度上就是项目的'权威'。有时候团队需要的不是无休止的讨论,而是一个清晰明确的方向。他们需要看到你对方案的信心，以及来自更高层的支持。"

老刘接着说："下次开会时，不要再一味妥协。你要让大家知道，这个方案是经过高层认可的，或者是有数据支撑的。这样，大家自然会更加配合。"

小夏仔细思考后，觉得老刘说得很有道理。在下一次功能模块会议前，她做了充分的准备：不仅重新梳理了方案的核心价值，展示了详尽的前期调研数据，还特意准备了公司高层对这个功能的支持性文件。

果然，这次会议的氛围明显不同。虽然开发和设计团队仍然提出了一些技术和设计层面的顾虑，但在高层的背书下，大家讨论的重点已经从质疑方案的可行性转向了如何更好地落实方案。产品项目终于有了实质性的进展。

效应解锁

权威效应——人们倾向于相信和服从权威人士的观点和行为。一个人要是地位高，有威信，受人敬重，他的言论和行为往往更容易获得别人的认可和跟随。我们常说"人微言轻"，反过来其实也成立。

心理研究

心理学家阿伦森设计了一个巧妙的实验，深入研究个人的权威性对说服效果的影响。

35　权威效应——威望高，一句顶十句

实验过程是这样的：

首先，研究人员招募了一群参与者，告诉他们这是一项关于文学作品评价的研究。参与者需要阅读并评价一首由九段诗句组成的朦胧诗。这首诗较为晦涩难懂，以确保参与者对某些段落会产生负面评价。

随后，研究人员向参与者展示了另一个人对参与者最不喜欢的那段诗的评价。这位评价者的观点与参与者的看法不同——他认为这段诗写得很好。

接着，实验的关键操作来了。参与者被随机分为两组：一组的参与者被告知，这段评价来自著名诗人艾略特，即一位备受尊敬的文学大师；另一组的参与者则被告知，这段评价来自一位女大学生，即一个没有相关声望或专业背景的普通人。

有趣的是，最后，当要求参与者重新评价那段诗句时，两组参与者的态度变得不一致了。被告知正面评价来自著名诗人的那组参与者，更倾向于改变自己对诗歌的看法，认为这段诗确实写得还不错。而另一组参与者认为评价者只是一个普通女大学生，他们的态度几乎没有变化——他们仍然坚持自己的观点，认为这段诗写得比较糟糕。

这个实验结果有力地证明了个人的权威性会显著影响其观点的说服力。如果信息来自专家或权威人士，人们更容易接受并改变自己的看法；而如果信息来自普通人，就很难对人们的态度产生明显影响。

第三篇 互影响

🐻 人际贴士

同样的信息，同样的表达方式，传递给同样一群人，但由于传递者的权威性不同，产生的效果可能大不相同。权威不仅仅来自个人的头衔或资历，有时候，"借力"——引用权威人士的意见或获得他们的支持，也能够让我们的观点更有说服力。

在"心事驿站"的故事中，小夏一开始面对各部门的意见分歧时，选择了看似理性的方式：试图通过沟通和妥协来达成共识。然而，由于她自身的权威性不足，讨论反复拉扯，陷入了僵局。

这时，资深产品经理老刘给她提了一个建议：学会"借力"，也就是借助更高层领导的支持来推动工作。小夏采纳了这个建议。果然，在接下来的讨论中，参会人员的态度有了明显的变化，大家对她的方案更加信任和配合，项目也因此顺利推进。

这提醒我们，当我们试图引导团队、说服他人或者传递信息时，适当利用权威效应可以极大提升我们的影响力，达到"一句顶十句"的效果。

通过借助权威，我们可以更有效地传递信息。当然，最终的目标不应是永远依赖外部的权威，而是从"借力"到"自立"，逐步成长为权威本身。

听到"权威"这个词，有的人可能会望而生畏，觉得遥不可及："我既没什么地位，也算不上什么专家，怎么可能成为权威呢？"在我看来，权威并不是一个绝对的概念，而是相对的。你可能很难产生巨大影响，但在自己的小圈子中，通过持续学习和提升专业能力，每个人都有可能成为别人信赖的"权威"。

> ❋ **人际交往小 tip：**
>
> 　　懂得"借力"是一种智慧。善用权威效应能帮助我们更有效地传递信息、推动决策和解决问题。

36 门前效应
大请求被拒，小请求得手

● **心事驿站**

小董是个十足的球迷。这不，欧洲杯决赛要来了，他早就盼着看比赛了。可问题是，欧洲杯的观赛时间在半夜。小董一想到半夜要爬起来看球，心里就犯嘀咕：万一搞出点儿动静，把女朋友小夏吵醒了，估计又得吵架。

经过一番思考，小董想出了一个"妙招"。中午吃完饭，趁小夏心情不错，他试探着开口："小夏，今晚欧洲杯决赛，我能不能去附近的酒吧看球？那个酒吧离家很近，去的都是我的好哥们儿，绝对没有女生。我可能会喝点儿小酒，但不会喝多，肯定不耽误明天上班。而且花不了多少钱，就几百块的事儿。你看，行不行？"

小夏一听这话，顿时不乐意了："大半夜的不在家老老实实待着，跑去酒吧？还说什么没有女生，我才不信呢！还要喝酒？不许去！"小董赶紧解释："真没有女生，而且只是稍微喝一点儿……"

小夏根本不相信："就你的酒量，我还不知道吗？上次也说稍微喝一点儿，结果还不是喝得烂醉，回家吐了一地，还是我给你收拾的。别忘了咱俩明天都有重要的项目会议，得早点儿到公司。这不比去酒吧重要呀?"小董装出一副焦急的样子:"小夏,这可是欧洲杯决赛啊!四年才一次,你不让我去,这不是让我抓心挠肝吗?"可小夏态度很坚决:"不行!哪儿都不准去,给我老老实实待在家!"

小董见状,只能"妥协":"好好好,我不去了,我跟哥们儿打个电话说一声,今晚我就不去外面了。我拿个平板电脑在客厅看比赛,行不行?"小夏听到这里,总算松了口:"这还差不多!今晚哪儿都不许去,就在家看吧!"

其实呢,小董从一开始就没计划去酒吧。他心里早就盘算好了,要在家里看比赛,只是怕半夜看球吵到小夏,惹她生气。所以,他才故意搬出"去酒吧看球"这出戏。这样一来,他就可以安心地在家看比赛了。比赛能看,女朋友也不生气,完美!

效应解锁

门前效应——先向他人提出一个较大的请求,当对方拒绝这个请求后,紧接着提出一个较小的请求,这时候对方会更容易答应这个小请求。

心理研究

心理学家罗伯特·西奥迪尼和他的团队曾开展过一个有趣的实验,发现了门前效应,揭示了人们在面对不同程度请求时的心理变化规律。

实验分为两个步骤。第一步,研究人员向一组大学生提出一个极具挑战性的请求——希望他们能在接下来的一年时间里,每周抽出两个小时的时间,参与一些青少年活动,为孩子们树立榜样。

这个请求虽然很有意义,但对于课业繁重的大学生来说实在太勉强了,因为每周固定投入两个小时参加活动是一件较难实现的事情。正如预期,几乎所有人都婉拒了这个请求。

紧接着,第二步,研究人员转而提出了一个更容易接受的小请求——希望他们能参加"一次"这样的活动。结果显示,约50%的大学生欣然同意了。

研究人员还特意设置了一个对照组。这组大学生没有经历最初那个"每周花两个小时参加活动"的大请求,而是直接被问及是否愿意参加"一次"这样的活动。结果显示,只有不到17%的人同意了这一请求。

这个实验清楚地表明,先提出一个较大的请求,等对方拒绝后,再提出一个较小的请求,"小请求"的成功率会大大提高。这是因为人们在拒绝了别人的第一个"大请求"后,往往会倾向于通过接受第二个"小请求"来展现自己的"善意",给对方留点儿面子,同时也让自己心里更舒服。正因如此,这种心理现象也被称为"留面子效应"。

人际贴士

门前效应提供了一种我们日常生活中非常实用的沟通技巧,

36 门前效应——大请求被拒，小请求得手

尤其是在谈判、请求帮忙或说服他人时，能让我们更高效地达成目标。

在"心事驿站"的故事中，小董的目标是能在家看欧洲杯决赛。但是，他很清楚，直接提出这个要求可能会让女友小夏不高兴，因为半夜看球会影响她休息。于是，小董先提出了一个更大的请求——去酒吧看球。这个提议对小夏来说显然是难以接受的，于是她果断拒绝了。

接着，小董顺势提出了自己的真实诉求——不去酒吧，改为在家安静地看球。相比于去酒吧，在家看球这个"小请求"就显得更加合情合理，最终获得了小夏的同意。

这个故事很好地说明了门前效应的妙用。我们再举个更贴近生活的例子。假设你想找朋友借钱，但又怕他直接拒绝，怎么办？如果你运用门前效应，对话可能是这样的：

你："哥们儿，我最近特别困难，能不能借我点儿钱？"

他："借多少？"

你："5000 块，行吗？"

他："5000 块？你开什么玩笑？你把我卖了，看值不值 5000 块？"

你："那算了……要不先借我 100 块应个急吧？"

他："100 块啊，这个没问题。"

实际上，你从一开始就只想借 100 块。如果直接开口，对方可能会用"最近手头有点儿紧"来拒绝你。但你先抛出一个大的请求让他本能地拒绝后，突然提出一个小得多的请求，他反而会觉得不好意思再拒绝了，从而更容易答应。

门前效应的操作虽然看似简单,但要真正奏效,需满足以下三个前提条件:

第一,最初的请求必须恰当。一方面,它要足够大,但不能过于夸张或荒唐,比如"借我 100 万"。否则,对方可能会觉得你在开玩笑,这样会导致直接失去继续沟通的机会。另一方面,要让对方拒绝这个请求后,不会对自己产生负面的评价,比如不能让他觉得自己不慷慨、不善良,否则会事与愿违。

第二,两个请求的时间间隔不能太长。如果间隔太久,对方的"愧疚感"或者"补偿心理"会逐渐消退,第二个请求的成功率也会大大降低。

第三,两个请求必须由同一个人提出。如果换了个人来提第二个请求,效果就会大打折扣,因为对方不会把两个请求联系在一起,自然也不会产生心理上的对比。

此外,值得注意的是,门前效应对熟人往往更有效,因为熟人之间有一定的信任和情感基础,这种关系会让对方更在意"面子"和情谊。但这也意味着,这种技巧不能过于频繁使用。用得太多,对方可能会觉得你总是在"套路"他,从而对你产生反感,影响关系。

> ❋ **人际交往小 tip:**
>
> 有时候,直来直去并不是最佳选择。巧妙运用"先大后小"的请求方式,反而能让对方更容易接受我们真正的诉求。

37 态度接种效应
提前打个预防针，不容易被忽悠

♥ 心事驿站

小夏的父母已经上了年纪。她注意到最近社会上有很多不法分子专门针对老年人，以高价兜售没有实际效果的保健品。为提高父母的防骗意识，小夏想出了一个特别的办法。

一天，小夏假装兴奋地对父母说："爸、妈，我给你们买了一款特效保健品，据说能治心脏病、高血压、糖尿病、关节炎，简直是包治百病的灵药。虽然价格不便宜，要一万多块，但为了你们的健康，我已经找朋友借钱买了。"

父母一听就急了："你这孩子是不是被骗了？哪有这么神奇的药啊！这肯定是骗子，赶紧退掉！"

小夏没有停止她的"防骗教育"。之后的几个月，她又陆续模拟了几次常见的诈骗场景，比如高回报投资理财、虚假中奖通知、虚假养老补贴等，而且还以此为由多次提出向父母借几万块钱。每次，父母都会苦口婆心地提醒她："没有天上掉馅饼的事儿，不要贪小便宜。"看到父母的反应，小夏不禁暗自高兴，她的"防骗教育"已见成效。

不久后，小镇上来了一位自称"健康专家"的人，举办了一场健康讲座。街坊邻居们都踊跃参加,小夏的父母也跟着去听了。讲座一开始,这位"专家"讲了很多听起来高深的专业术语,还列举了许多看似真实的案例。接着,他开始推销所谓的"神奇保健产品",现场还有一些"患者"现身说法,宣称自己吃了这些产品后病情大有好转。

正当一些人被说得心动时,小夏的父母感觉到不对劲。他们对视一眼,心里警铃大作:这不就是孩子之前说过的那种骗局吗?意识到情况不对,他们立刻提醒周围的邻居不要上当。事后证明,他们的判断很正确,这个所谓的"专家"确实是个骗子。

效应解锁

态度接种效应——如果一个人曾经接触过与自己态度相反的观点,并且认真思考过这些观点后,他的态度没有被改变,那么在未来再次遇到类似的观点时,他会变得更加坚定自己的立场,不容易被说服。

这个效应的原理有点儿类似医学中的疫苗接种:接触一种弱化版的病毒,让身体产生抗体,这样当将来遇到真正的病毒时,我们就有了抵抗力。

心理研究

态度接种能否有效预防态度改变呢?心理学家威廉·麦圭尔

37 态度接种效应——提前打个预防针,不容易被忽悠

和他的同事们通过一系列实验对此进行了深入研究。

实验的基本过程是这样的:研究人员首先选取了一些大众普遍认同的观点,比如"经常刷牙可预防蛀牙""精神病不会传染""一天需要睡八小时"等,随后招募实验参与者,并将参与者随机分成三组:

第一组,"论点支持组":这一组的参与者会接收到更多支持原有观点的正面论据。例如,卫生部的报告表明,每天刷牙三次的人比很少刷牙或不刷牙的人更少出现蛀牙。

第二组,"接种组":这一组的参与者会受到轻度的反对意见攻击,促使他们主动反驳这些论点,从而保护自己的立场。例如,某个人从不刷牙也没有得蛀牙。参与者很容易以"个例不代表普遍现象"来反驳这个观点。

第三组,"控制组":这一组的参与者没有接受任何干预。

所有参与者都会面对一轮强有力的说服性攻击,研究人员试图改变他们对原有观点的看法。实验最后会测查各组态度改变的情况。

结果发现,当面对强烈攻击时:"控制组"的参与者往往最容易被说服;"论点支持组"表现出较强的抵抗能力,但如果对方提出全新的论点,他们的防御能力相对较弱;"接种组"的表现最佳,能够有效抵御包含新论点在内的各类说服,而且对原有态度的坚持时间最长。这说明,适当的态度接种不仅有助于巩固原有观点,还能提升应对新观点的能力。

人际贴士

态度接种的核心在于锻炼我们的"心理免疫系统"。在这个过程中,轻微的反对意见就像灭活的病毒,反驳它们的过程则相当于对"心理免疫系统"的训练。这样,当我们遇到更强有力的说服时,就能保持立场坚定,不容易被他人忽悠。

在"心事驿站"的故事中,小夏为了增强父母的防骗意识,巧妙地运用了态度接种的方法。她知道,诈骗手段层出不穷,尤其是许多针对中老年人的骗局。与其直接告诉父母"不要上当",不如让他们"亲身经历"并思考如何识破骗局。通过这种态度接种的方式,小夏成功地提高了父母的防范意识,使他们能够在面对真正的诈骗时冷静应对,不轻信,不受骗。

除了老年人,青少年也是一个容易受到外界影响的群体。青少年对一些事情的正确看法,比如"吸烟有害健康""毒品不能碰",最初大多来自父母和老师。他们通常会接受和认同这些看法,但因为这些观点很少受到质疑,他们的抵抗力相对较弱。

进入青春期后,同伴群体逐渐成为青少年生活中一个重要的社交圈。为了获得同龄人的认可,他们常常会受到同伴的影响而改变自己的态度和行为。例如,同伴压力可能让他们开始尝试抽烟、喝酒,甚至参与一些其他不良行为。

心理学家通过研究发现,在青少年尚未形成不良习惯时,对他们进行态度接种能够有效增强他们对同伴压力的抵抗力。在现实生活中真正遇到这些诱惑时,他们已经建立起来的"心理免疫系统"就能帮助他们坚守原有的立场。

如果我们想要在日常生活中运用态度接种效应影响他人,应该怎样做呢?可以参考以下几个步骤:

第一步,提前介绍相反观点。在表达自己的主要观点之前,先向对方展示一些与他们原有态度相反的观点或信息。这能够让他们提前思考,并逐步建立起对这些反对意见的"心理免疫系统"。例如,在教育青少年不要抽烟时,可以先介绍一些不良同伴可能使用的轻微诱骗方法,比如"偶尔来一根没关系"或者"咱们这群人都抽了,你不抽显得有点不合群"。让青少年提前接触到这些压力,他们可以更好地思考如何应对。

第二步,鼓励对方自主思考。引导对方自主思考这些相反观点,并进行讨论。这样可以帮助他们形成自己的判断和理解,进一步巩固原有的态度。例如,引导他们思考:如果有人劝我抽烟,我该怎么做?通过这种方式,他们会形成自己的判断,并在面对类似情况时更有准备。

第三步,提出正面观点并提供支持。由于他们已经建立了对相反观点的"心理免疫系统",这时他们更有可能认同并接受你的正面观点。例如,可以提供科学证据和真实案例来支持"吸烟有害健康"这一正面观点。这样,青少年在面对现实生活中的不良诱导时,就更容易坚定自己科学健康的态度。

态度接种不仅是一种教育方法,更是一种生活智慧。它告诉我们,预防胜于治疗。通过适度的"心理免疫训练",我们能够帮助自己和他人在面对各种不良观点和诱惑时,保持清醒的头脑和坚定的立场。

> ❋ **人际交往小 tip:**
>
> 态度接种就像给心理打疫苗,提前接触轻微的反对意见,并学会反驳,可以帮助我们建立起对错误观点的"免疫力"。

38 旁观者效应
该出手时，得出手

● 心事驿站

初夏的一个傍晚，天空飘着细雨。湿漉漉的柏油路上，凹陷的地方积了些水，形成一个个小水洼。小杜下班后，撑伞沿着熟悉的路往家走。

走到一个十字路口时，他看到前面围了一大群人，人群的中心似乎还躺着一个人。小杜好奇地踮起脚张望，只见地上趴着一位老爷爷，面朝下，雨水顺着路面流到他身下。老爷爷的衣服全都湿透了，显得格外狼狈。

人群里有人低声议论："是摔倒了吧？""会不会是病发了？"还有人绕过去后又折回来，像是在等什么。更多的人只是站着看，始终没人上前帮忙。

小杜站在人群外，心里一阵忐忑。他下意识地握紧了伞柄，脑海里乱成一团："这老爷爷看起来需要帮忙啊，为什么没人扶呢？要是我去扶，会不会被人指指点点，说我多管闲事？万一老人讹我怎么办？新闻里这样的事可不少……"

犹豫了很久，小杜最终还是低下头，匆匆绕开了人群。"这么多人在这里，肯定会有人出手帮忙的，我去添什么乱呢？"他这样安慰自己，快步离开了现场。

第二天早上，小杜像往常一样刷手机，却被一条新闻刺痛了眼睛。新闻说，一位老人因摔倒后无人施救，面部浸泡在积水中，最终窒息而亡。监控拍下的画面显示，当时围观的有二十余人，却没有一人伸出援手。

小杜的心猛地一沉，因为新闻照片里的场景，正是昨天他经过的那个十字路口。他的脑海里冒出一个念头："如果我当时能扶他起来呢？也许事情就不会变成这样。"这个想法让他感到揪心和自责。此后，这件事就像一根刺扎在小杜心里，怎么都拔不掉。

效应解锁

旁观者效应——当有人遇到困难需要帮助时，现场的旁观者越多，每个人伸出援手的可能性反而越低。具体来说：如果只有一个人看到某人遇到困难，他更可能会去帮忙；如果有很多人在场，大家反而都容易抱着"其他人会帮忙"的心态袖手旁观。

心理研究

心理学家比布·拉塔内和约翰·达利通过一系列实验研究了旁观者效应。这些实验包括"房间充烟""女士遭难""罪行作证"和"癫痫发作"等情境。我们来看看其中两个具有代表性的实验：

38 旁观者效应——该出手时,得出手

在"房间充烟"实验中,参与者被安排在一个"等待室"内。此时,研究人员会通过墙上的通风口向室内释放无害但看起来令人恐惧的白色烟雾,持续6分钟。

实验分为三种情况:只有一名参与者在等待室;等待室有三名参与者,三个人互不相识;等待室有三名参与者,但有两个其实是"托儿"(实验者的助手),他们会表现出冷漠和无动于衷的态度。

结果显示:只有参与者一人时,75%的人会主动离开房间并报告烟雾情况;有三个陌生人时,报告比例降至38%;当有两个"漠不关心"的助手在场时,仅10%的人会主动报告。在报告的速度上,独自等待的参与者最快,三名互不相识的人次之,而有实验助手的组最慢。

在"癫痫发作"实验中,研究人员让参与者坐在一个小房间内,通过麦克风与其他房间的人进行"多人讨论",讨论的方式为按照房间编号顺序轮流发表观点。

实验分为三种情况:让参与者认为只和另一个人在讨论(两人组);让参与者认为和两个人在讨论(三人组);让参与者认为和五个人在讨论(六人组)。

实际上,每次讨论只有参与者一个人是真实的,其他人的声音都是通过录音播放的。当"讨论"进行时,录音中"正在发表观点的讨论者"突然癫痫发作,并请求帮助。

结果显示:在两人组中,有85%的人会提供帮助(离开房间,并呼喊研究人员),平均等待时间为52秒;在三人组中,有

62%的人会提供帮助，平均等待时间为93秒；而在六人组中，仅有31%的人会提供帮助，平均等待时间延长至166秒。

这些实验得出了一致的结论：在紧急情况下，旁观者越多，每个人提供帮助的可能性就越小，提供帮助前犹豫的时间也越长。

值得注意的是，拉塔内和达利的研究并非为那些冷漠的旁观者开脱责任，而是揭示了利他行为的复杂性。这提醒我们，一个人是否选择伸出援手，不能简单地归结为道德品质的好坏，还需要考虑更多社会心理因素的影响。

人际贴士

在需要提供帮助的场合，许多人会认为"人多胆壮"，在场的人越多，个人采取行动的可能性就越大。但旁观者效应告诉我们，事实恰恰相反。当旁观者人数较多时，每个人反而更不愿意主动采取行动。

在"心事驿站"的故事中，小杜在一个下雨的傍晚遇到了一位摔倒的老人。在有很多人旁观的情况下，小杜假设其他人会采取行动，因此自己没有主动上前帮忙。正是这种心理，使得迫切需要帮助的老人没有得到及时的援助，最终酿成了悲剧。

类似的事情在现实生活中屡屡发生。《纽约时报》曾报道过一起令人震惊的事件：1964年3月的一个深夜，一位叫姬蒂的女性在下班回家途中遭到了持刀歹徒的袭击。她一边反抗一边沿街奔跑呼救，在与歹徒搏斗了半个多小时后，不幸被杀害。在整个过程中，至少有38人听到了她的呼救或看到了这一场景，却没有一个人出手相助，甚至连报警的人都没有。这一事件引起了美国社会各界的关注。

这些令人痛心的事件让人反思：为什么这么多人会选择袖手旁观？社会心理学家通过研究发现，旁观者的冷漠行为并不一定源于道德沦丧或缺乏善心，而是受到了以下因素的影响：

第一，责任分散。在场的人越多，每个人分担的责任就越少。如果每个人都想"这么多人在场，肯定会有人出手帮忙，不缺我这一个"，最终就会导致无人采取行动。

第二，情境的不明确性。在一些情况下，人们可能无法确定是否真的需要介入。比如，当你看到有人摔倒时，如果周围其他人都没有行动，你可能会怀疑：这件事真的需要帮忙吗？是不是没那么紧急？这种不确定性往往让人选择观望，而非主动出手。

第三，评价恐惧。人们通常害怕被他人评价，尤其是在众目睽睽之下。如果出手帮忙却弄错了，可能会被笑话或指责。因此，旁观的人越多，行动者的"评价恐惧"就越强，这导致行动者更加不敢轻举妄动。

如何打破旁观者效应呢？推广和普及心理学知识，是打破旁观者效应的第一步。当你了解了这种心理现象后，就会意识到所谓的"责任分散"是虚假的：如果你选择不行动，其他人也可能不行动。这个时候，你就更有可能成为第一个站出来帮助别人的人。

另外，作为求助者，当你需要寻求别人帮助的时候，提前了解旁观者效应的原理，能有效避免旁观者效应的发生，增加得到帮助的概率。

举个例子：假定你在大街上走着，一个不小心滑倒了。你发现自己起不来，这时候该怎么办？首先，要避免责任分散。你一定要指定一个人帮忙，把责任瞬间聚焦在他身上。其次，要减少情境的不明确性。你要非常明确地告知对方发生了什么事情。最后，要避免评价恐惧。评价恐惧的本质是害怕获得差评，所以你可以先给对方一个好评。比方说，滑倒之后，你的正确反应可以是，指定一位旁观者，然后说："那个光头大哥，我摔倒起不来了，是我自己不小心，没有人撞我，您看起来是个热心人，麻烦您扶我一把吧。"

在紧急情况下，我们每个人都可能成为那个最重要的"第一响应者"，该出手时就得出手。当有更多人愿意站出来时，我们的社会就会变得更加有温度。

❈ **人际交往小 tip：**

众人"旁观"会导致冷漠，酿成悲剧。面对需要帮助或支持的场合，不要把希望寄托于"别人会做"，而要主动打破沉默，采取行动。

第四篇 亲密关系

第一节

如何让爱情逐渐升温

39 异性效应
有 TA 在，我会更好

♥ 心事驿站

小董平时是个性格洒脱、不拘小节的男生，做事总是吊儿郎当的，给人一种很不正经的感觉。

这天，他被朋友硬拉着参加了学校的定向越野比赛。这项比赛要求参赛者按照地图上标注的顺序，在校园里找到 20 个预设的打卡点，最后冲向终点，用时最短者获胜。

比赛开始后，小董按照地图寻找打卡点。他发现最初的 2 个点都很简单，轻轻松松就找到了。到第 3 个点时，难度稍微大了一些。他正琢磨着怎么绕过前面的栏杆，突然听到旁边有人喊了一声："兄弟，我看你拿着地图，你也在参加定向越野赛吧，加油啊！"

小董转头一看，是个男生，应该是同校的学生。小董笑了笑，随口回了句："谢啦，我尽量跑呗。"不过，他心里没太当回事儿，依旧按自己的节奏跑着。

跑到第 7 个点时，他感到有些疲惫，心想："这比赛也没什么意思，反正是来凑数的，随便跑跑就行。"当他准备去下一个点时，突然听到身后传来一个清脆的声音："你是来参加定向越野比赛的吧？加油哦，我觉得你跑得很不错！"

小董回头一看，发现是一个女生站在那里。她扎着马尾辫儿，穿着志愿者的服装，笑容很甜美。女生继续说道："你现在的速度已经很快了，说不定能拿个好成绩呢！"不知道为什么，小董听了这番话后，脚步竟然不自觉地加快了。

当最后一个点打卡完成后，小董开始向终点冲刺。远远地，他看到终点线旁站着那个女生。她正在朝着小董的方向加油呐喊。小董顿时心跳加速，心想："她居然在终点等着，那我这最后几百米必须拼尽全力，跑出点儿气势来！"

结果公布时，小董意外地发现，自己居然拿下了全校第一名。更让他惊喜的是，给他颁奖的竟然是小夏——那个在比赛中为他加油的女生。

小董接过奖杯，别提多开心了。他原本只是抱着玩玩的态度来参加比赛，却意外地因为一个女生的鼓励拿到了冠军，拥有了一段让他心动的小插曲。

效应解锁

异性效应——也被形象地称为"磁铁效应"，是指在人际交往中，异性之间会产生一种特殊的相互吸引力。这种吸引力不仅体现在情感层面，还能对个人的学习、工作等各方面产生积极的影响。俗话说的"男女搭配，干活不累"，就是对这种现象的生动描述。

39　异性效应——有 TA 在，我会更好

◉ 心理研究

心理学研究者王青设计了一个巧妙的实验，很好地证明了异性效应的存在。她选取了小学二年级、四年级、六年级以及初中二年级的学生作为研究对象，让他们在不同性别同学的注视下做仰卧起坐，观察他们的表现差异。

实验设置了两种情境：一种是由两名同性别的同学注视，另一种是由两名异性同学注视。通过比较学生在这两种情况下完成仰卧起坐的数量，研究者发现了一些有趣的现象。

对于小学二、四年级的学生来说，无论是被同性还是异性同学注视，他们做仰卧起坐的数量都差不多。这说明在这个年龄段，孩子们还没有明显的性别意识，单纯把仰卧起坐当作一项体育活动。

但是到小学六年级和初中二年级，情况就不一样了。这个阶段的学生正进入青春期，开始对异性产生特殊的关注。研究发现，男生在异性面前会特别努力，完成的仰卧起坐次数明显多于在同性注视下的次数。他们似乎更想要在女生面前展示自己最好的一面。

女生的表现则更为复杂一些。小学六年级的女生还没有表现出明显的异性效应，但到了初中二年级，当异性同学在场时，女生完成的仰卧起坐次数要明显少于同性注视时的次数。研究者认为，这可能是因为青春期的女生在异性面前会感到害羞或不自在。

这个研究告诉我们，对于尚未进入青春期的儿童，异性效应的影响较小，而随着青春期的到来，异性的关注会逐渐成为影响个体心理状态和行为表现的重要因素。

人际贴士

在人际交往中，性别差异会带来独特的吸引力，这种吸引力不仅基于外貌和气质，还包括性格、兴趣爱好等方面。在异性面前，人们往往会不自觉地想展示自己更好的一面。

在"心事驿站"的故事中，小董一开始对定向越野比赛并不上心。在比赛的前半程，小董的态度就是"随便跑跑，混一下算了"。即使有男生为他加油鼓劲，他也没有太大的改变。他觉得这只是普通的比赛，没必要拼尽全力。

但是，当女生小夏为他加油时，小董的内心发生了微妙的变化。相比同性的鼓励，异性的关注和认可更容易激发他的积极性，让他产生一种"想要表现得更好"的心理。在小夏的关注下，小董突然开始认真起来，从"随便跑跑"转变为"全力以赴"。这个转变生动地展示了异性效应的力量。

很多人总觉得自己可能不够优秀，甚至会胡思乱想：自己是不是注定单身，不配拥有爱情？其实，大可不必如此焦虑。向往爱情是大多数人的共同心理，而异性之间的吸引力则为感情的进一步发展提供了天然的桥梁。

当然，要想从友情走向爱情，还需要一些契机和共同经历。

比如，你可以主动参与一些能和异性合作、互动的活动。这样的经历能拉近彼此的距离，也会让对方更了解你的性格和优点。

不要害怕接近异性，也不要因为一时的失败而否定自己。爱情是人类情感中最美好的部分之一，它需要真诚、勇气和耐心。只要你愿意去尝试，给彼此多一些机会，好感也许就会悄悄发酵，酿成一段美好的爱情。

> ❈ **人际交往小 tip：**
>
> 异性之间因天然的吸引力，容易从友情走向爱情。相信自己，勇敢迈出第一步，属于你的爱情也许就会悄然而至。

40 登门槛效应
循序渐进，慢慢来

❤ 心事驿站

小董和小夏第一次见面是在学校的定向越野比赛上。这天，在社会心理学选修课上，小董意外地再次看到了小夏。她坐在教室的第四排，小董一眼就认出了她。

坐在小夏的斜后方后，他轻轻地拍了拍小夏的肩膀，试探着问道："你是不是上次定向越野比赛时给选手加油的那个女生？"小夏转过身来，笑着答道："是啊！我记得你，你跑得可真不错呢！没想到我们选了同一门课，真巧！"

小董听后连忙接话："哪里哪里，我就是随便跑跑。其实，你的加油真的很鼓舞人心。"两人简单聊了几句后，便安静下来开始上课。

上课时，小董一直在想该如何和小夏多些互动。看到小夏在转笔，他灵机一动，也学着转起笔来，没转几下，就"不小心"把笔掉在了小夏脚边。"不好意思啊，"小董略带歉意地说，"能麻烦你帮我捡一下笔吗？"小夏笑了笑，弯腰捡起笔递给他："给你。"

接下来的几周，小董都会选择坐在小夏的斜后方，既不会太近显得刻意，也不会太远失去互动的机会。终于有一天，他抓住机会主动搭话："我看你上课记笔记特别认真。今天我来晚了，错过了一些内容，能借我看看你的笔记吗？"小夏爽快地答应了："当然可以啊，下节课记得还给我就行。"

到了约定的时间，小董不仅准时归还了笔记，还贴心地带了两杯奶茶，其中一杯送给小夏。

自那以后，小董时不时就会找小夏帮点儿小忙，比如借笔记、借课本或者请教问题。当然，小董也不是一味地索取，他也会带点儿小礼物回报小夏，有时是奶茶，有时是小零食。就这样，两人之间的互动越来越多，关系也一点点拉近了。直到有一天，小董鼓起勇气邀请小夏去游乐场，小夏欣然同意了。

效应解锁

登门槛效应——当我们想让别人答应一个较大的请求时，不妨先提出一个小请求，一旦对方答应了小请求，他们往往会更容易接受后续的大请求。

这个概念最早源于销售领域。传统推销员都懂得一个道理：如果能让顾客允许自己跨进家门，那么最终很可能就会实现推销目标。

心理研究

心理学家乔纳森·弗里德曼等人的实验为登门槛效应提供了

有力的支持。这个实验设计简单巧妙,清晰地展示了人们在接受较小的要求后,更容易接受大要求的心理现象。

在实验中,研究人员以"安全驾驶委员会"的名义挨家挨户地去拜访当地的家庭主妇,向她们提出与"提倡安全驾驶"相关的请求。实验分为两组:

对于实验组,研究人员首先请主妇们在一份提倡安全驾驶的请愿书上签名。这一请求非常简单,仅仅是签个字,几乎没有成本或负担。之后,研究人员再次登门,提出一个更大的请求:希望她们允许在自家院子里竖立一个醒目且设计不太美观的牌子,上面写着"请谨慎驾驶"。

对于对照组,研究人员没有先提出签字的小请求,而是直接请求主妇们在自家院子里竖立同样的"请谨慎驾驶"的大牌子。

结果发现,当直接请求主妇们在自家院子里竖立"请谨慎驾驶"的大牌子时,只有17%的参与者会同意这一"大请求"。但是,在先提出签名这一"小请求"的实验组中,有55%的人同意了这个"大请求",这一比例是对照组的三倍多。

这个发现得到了后续研究的进一步支持。比如,帕特里夏·普利纳的癌症募捐实验。在研究人员直接提出捐款请求的情况下,只有46%的居民愿意捐款。但是,当研究人员分两步走,先在前一天请居民佩戴一个宣传纪念章(几乎所有人都愿意配合,因为这不花费时间和金钱),第二天再提出捐款请求时,愿意捐款的人数比例几乎翻了一倍。

40 登门槛效应——循序渐进，慢慢来

● 人际贴士

为什么一个看似微不足道的"小请求"，能增加后续"大请求"的成功率呢？这是因为人们倾向于保持自我认知的一致性。当我们答应了一个小请求后，会在心里给自己贴上一个标签，比如"我是个乐于助人的人"或者"我是一个友善的人"。这个标签会潜移默化地影响我们的行为，使我们更愿意接受后续更大的请求。

在"心事驿站"的故事中，捡一支笔看似只是个不起眼的小细节，但它是小董"登门槛"的第一步。小夏在捡起笔的那一刻，其实已经完成了一个小小的帮助行为，而这个行为让她对自己的"人设"有了新的认知——"我是一个对小董友好的人"。这种认知让她更容易接受后续稍大的请求。如果小董一开始就邀请小夏去游乐场，小夏大概率会觉得小董的邀请很冒昧，而选择拒绝。但由于小董已经铺垫了很多"小请求"，小夏都答应了，在此期间又相处得比较愉快，因此小夏应邀去游乐场就会显得顺理成章。

但关系的建立是双向的。如果小董总是索取而不付出，时间长了，小夏可能会觉得不平衡，甚至心生厌烦：这个人是不是只会占我便宜？因此，在采取"登门槛"策略时，真诚和回馈同样重要。比如，小董在归还笔记时，主动送了一杯奶茶感谢小夏。这样一来，小夏能够感受到自己的付出被认可，两人之间的关系也变得更加平等。

无论是友情还是爱情，好的关系都是双向奔赴的。如果你喜欢一个人，想和他拉近距离，一味地付出和讨好是不够的，你也要试着让对方对你好，而"小请求"就是一个很好的起点。比方说：如果对方喜欢阅读，你可以请他推荐一本书；如果对方擅长某项技能，你可以请教他一些问题。这些看似不起眼的小请求，不仅为你们创造了更多互动的机会，还会让对方感到自己被需要。而当一个人愿意为你花时间和精力时，他也会不自觉地对你投入更多情感。随着这些情感的累积，你们的关系自然会越来越亲近。

需要注意的是，登门槛效应虽然是一种有效的策略，但必须建立在真诚和尊重的基础上。任何形式的操纵或利用都可能导致不健康的关系和长期的问题。

> ✤ **人际交往小 tip：**
>
> 真正长久的关系，靠的不是单方面的付出。如果你真心喜欢一个人，想和他拉近距离，不妨试着从一个简单的小请求开始吧！

41 吊桥效应
从心跳加速，到心动不已

❤ 心事驿站

这天，小董约小夏周六去游乐场玩。一开始，小夏还有些意外，但转念一想，待在寝室确实无聊，于是爽快答应，还顺便调侃了他一句："哟，怎么突然请我玩？不会是又让我给你辅导社会心理学吧？"小董笑着说："你之前辅导得已经很棒了，我现在学得可好了！我就是觉得最近几天没课，太闷了，想拉你出去放松一下。"

周六的天气格外晴朗，游乐场里人头攒动，欢声笑语此起彼伏。"小夏，过山车一定要玩啊！超刺激的！"小董兴奋地说。"过山车？"小夏愣了一下。她虽然一直很想尝试，但对这种高空刺激项目还是有些发怵。不过，她也不想在小董面前露怯，便硬着头皮笑着答应："好啊！"

轮到他们的时候，小夏的心开始怦怦直跳，手心也冒出了汗。小董注意到她的紧张，轻轻拍了拍她的肩膀："别怕，这是挑战自己的好机会！再说了，有我陪着你呢！"

过山车缓缓启动，一点点爬升到高处。小夏盯着前方越来越高的轨道，心跳得越来越快。当车子猛地俯冲下去时，小夏闭上眼睛，忍不住大喊了出来。她觉得自己整个人都在飞，脑袋空空的。下意识地，她一把抓住了小董的胳膊，紧紧地攥着，好像这样才能找到一点儿安全感。

看着小夏抓着他的样子，小董心里有点儿窃喜，嘴角带着笑意："小夏，别闭眼！睁开眼看看，风景超棒的！"在他的鼓励下，小夏试着稍微睁开一点儿眼睛。当她转头看向小董时，不知为何，脸一下子红了，心跳得更快了。

接下来的时间，他们又体验了不少高空项目。小夏渐渐发现，只要她和小董靠得近一点儿，她的心跳就莫名加速，连笑容都带着几分甜意。她隐隐感觉，自己好像对小董心动了。

🔓 效应解锁

吊桥效应——当一个人提心吊胆地走过吊桥时，紧张和恐惧会让心跳加速；如果恰巧在这个时候遇到一个异性，这个人可能会错把由这种情境引起的生理反应理解为对方使自己心动，从而萌生出暧昧或恋爱的感觉。

👁 心理研究

心理学家唐纳德·达顿和阿瑟·阿伦设计了一个有趣的实验，揭示环境和情绪如何影响人们的情感体验。实验中，研究人员将男大学生参与者分成两组。两组学生需要各自穿越一座桥梁。这两座桥的特点有所不同：

41 吊桥效应——从心跳加速，到心动不已

第一座桥是危险的吊桥，它悬挂在峡谷上方，高达 230 英尺（约 70 米）。桥身狭窄，左右摇晃，走在上面让人心跳加速、腿脚发软，甚至有一种随时可能掉下去的恐惧感。

第二座桥是安全稳固的桥，它建造在小溪上方，仅 10 英尺（约 3 米）高。桥面宽敞平稳，几乎不会引起心跳加速的紧张情绪。

两组男大学生在过桥的途中，都会遇到一位富有魅力的女生。女生自称是一名心理学专业的学生，并对他们说："我正在研究优美的景色对创作的影响，希望能得到您的帮助。"

接着，她向男大学生展示了一张模糊的女性图片，并请他们根据图片随机编一个故事。最后，女生还会留下她的电话号码，并对他们说："如果您对实验的细节感兴趣，可以打电话找我咨询。"

研究人员好奇的是：男大学生们会编出什么样的故事？有多少人会在实验后主动联系这位漂亮的女生？

结果发现，通过危险吊桥的男大学生所编的故事中包含更多关于"情爱"或"浪漫"的内容，显然透出了更强烈的情感倾向。此外，他们中有 50% 的人事后拨打了女生留下的电话号码。而通过安全桥的男大学生所编的故事相对平淡，几乎没有"情爱"或"浪漫"的元素，且只有 12.5% 的人拨打了女生的电话。

为确保实验的严谨性，研究人员又设计了一个几乎一模一样的实验，唯一的区别是：参与者在桥的中央遇到的是一位男性。结果发现，无论是危险桥组还是安全桥组，几乎没有人主动联系这位男性。这说明，拨打电话的行为更多与异性吸引有关，而并非对实验本身感兴趣。

第四篇　亲密关系

🐾 人际贴士

吊桥效应是怎么回事？心理学家斯坦利·沙赫特和杰尔姆·辛格提出的情绪理论可以对其进行解释。简单来说，情绪的产生存在一个"两步走"的过程。

当我们遇到某种刺激时，身体会本能地做出反应，比如心跳加快、呼吸急促、手心出汗、脸红发热等。接着，我们会不由自主地寻找环境中的线索来解释这些身体反应。换句话说，我们的大脑会试图回答这样的问题：我为什么会心跳加快、呼吸急促？

举个简单的例子：当我们听到隔壁传来激烈的争吵声和东西砸碎的声音时，心跳加快可能被解读为害怕；但如果是遇到暗恋的人，同样的心跳加快就会被理解为心动的感觉。

著名的"吊桥实验"就很好地展示了这一点。当走在摇晃的吊桥上时，人们自然会感到紧张，如果这时遇到一个有魅力的异性，大脑很可能会把这种生理反应归因于对方的吸引力，从而对其产生好感。如此一来，由吊桥效应产生的"误会"，便促进了爱情的萌发。

在"心事驿站"的故事中，小夏在游乐场体验过山车这一高空项目时，感到心跳加快、手心冒汗，身体进入高度紧张状态。这种强烈的生理唤醒，是吊桥效应的关键，因为大脑会试图为这些反应寻找理由。而刚好，小董就在她身边。于是，小夏很可能会不由自主地将这种"心跳的感觉"和小董联系在一起，进而对他产生"心动的感觉"。

41 吊桥效应——从心跳加速,到心动不已

了解吊桥效应的原理后,我们可以有意识地创造一些让人心跳加速的情境,来制造"心动时刻"。如果两个人都喜欢挑战,可以一起尝试滑雪、冲浪等刺激的活动。这些活动会让双方都感受到生理上的紧张和兴奋,有助于快速拉近关系。

当然,这种心跳加速的刺激需要适度,吊桥效应并不是要让对方感到害怕或不适。如果对方十分恐高,就不要强迫他去玩高空项目;如果对方不喜欢冒险,也别硬拉着他去参加极限运动。否则,对方会将恐惧情绪和你联系到一起,直接"拉黑"你。

其实,除了刺激性项目,一些小而温暖的细节也能营造"心动时刻",比如在对方没想到时送上一份精心准备的特别礼物,或者在对方的一些重要时刻(例如参加重要比赛),适时出现,为其加油打气。在聚会的餐厅里为对方表演一个别出心裁的小魔术,在安静的操场上为对方演唱一首悦耳的小情歌,都会给对方带来某种"心动体验"。

由吊桥效应产生的"心动"其实是一种由环境和情绪共同塑造的"误会"。不过,也许这种美好的误会,正是两人关系迈向新阶段的开始。

> ❋ **人际交往小 tip:**
>
> 有时候,我们的感觉会受到周围环境的影响。如果你想让某个人对你"心动",可以试着带他去体验一些能让人心跳加速的活动。

42 相似效应
越相似，越相爱

♥ 心事驿站

小许是一家公司的程序员，他每天早上9点准时到公司，放下背包，打开电脑，开始一天的工作。每天的生活就这样按部就班地重复，直到这天公司里来了一位新同事——小默。

一次午餐时间，两人在一家餐厅偶遇，便坐在一起闲聊起来。"你是哪里人啊？"小许随口问道。"我是广东人。"小默笑着回答。

"真的吗？我也是广东人！"小许惊讶地说，"没想到在北京还能遇到老乡，真是太惊喜了！"知道彼此是老乡后，两人说起了广东话，顿时感觉亲切起来。

之后，两人的工作与生活依旧如常。直到有一次，小许经过小默的工位时，发现小默桌上放着几本心理学书，包括小许最近正在读的《心理学与生活》《改变心理学的40项研究》《怪诞行为学》。小许眼睛一亮，心想：居然有同事和自己一样喜欢心理学。虽然小默此时并不在工位上，但小许却有一种找到了知音的感觉。

一天下班后，同事看到小许正在收拾桌面上的一个小相框，

42 相似效应——越相似，越相爱

问道："这张照片上的猫是你养的吗？好可爱啊。"小许说："对啊，这是我的猫咪皮皮，已经三岁了。"同事答道："它真的好可爱啊！哦，对了，咱们公司的小默也养了一只猫，跟你这只还有点儿像呢！"小许欣喜地说道："是吗？原来她也喜欢小动物。"

不经意间，小许发现小默和自己的共同点越来越多，他们不仅是老乡，而且都喜欢心理学、小动物。小许还发现，他们都喜欢听周杰伦的歌，都喜欢看皮克斯的动画，都喜欢在业余时间去旅行。虽然只是普通同事，且在餐厅偶遇之后，两人并没有过多的交集，但小默在小许的心里似乎变得越来越特别了。

效应解锁

相似效应——人们通常更容易喜欢那些在态度、价值观、兴趣、性格或背景等方面与自己相似的人。

心理研究

心理学家西奥多·纽科姆曾做过一个实验，发现了友谊中的相似效应，即相似的人更容易成为朋友。

在实验中，研究人员会为17名大学新生提供免费的学生公寓。作为交换条件，这些大学生需要参与研究人员的研究，并回答一些问题。在新生入住前，研究人员详细了解了这些大学生对待一些事情的态度。随后，研究人员根据了解到的情况进行公寓分配：让一部分公寓住着态度相似的学生，另一部分公寓则住着态度差异较大的学生。这样的安排完成后，研究人员便不再干预学生们的日常生活，让他们自然相处。

实验结果显示：那些态度相似的学生更容易彼此喜欢，并建立友谊。尽管他们之前互不相识，但由于三观、兴趣较为接近，他们很快熟络起来，并逐渐发展成为好朋友。而那些态度差异较大的学生，尽管生活在同一个屋檐下，朝夕相处，却难以建立深厚的友谊。他们可能会相互尊重，但不会像相似的学生那样自然地亲近彼此。

相似效应不仅影响我们的友谊选择，还能影响恋爱和婚姻关系的形成与发展。心理学研究者 V. 弗克斯进行的一项研究揭示了这一点。他研究了一家录像约会服务机构的会员行为。在这家机构，会员可以观看潜在约会对象的采访录像，然后决定是否与对方见面约会。

研究人员对每位会员的外表吸引力进行了客观评分，记录并分析他们愿意与谁约会的选择。结果发现：无论男性还是女性，都倾向于选择与自己外表吸引力相当的异性作为约会对象。换句话说，长相较为出众的人更倾向于寻找外貌同样出众的伴侣，而长相普通的人则倾向于选择外貌同样普通的伴侣。

有趣的是，相似性能引起喜欢，反过来喜欢也能引起相似性。心理学研究者格鲁伯-巴第尼及其团队进行的一项长达21年的跟踪研究揭示了这一点。他们对一群已婚夫妇进行长期观察，发现在婚姻初期，这些夫妻在年龄、教育背景和智力水平等

42 相似效应——越相似，越相爱

方面存在相似性。随着时间的推移，这些夫妻在更多方面变得越来越相似。这说明，最初的相似性把人们吸引到一起，而随着关系的深入发展，共同的生活经历和长期的思想交流又会进一步增强这种相似性，形成一种良性循环，即：越相似，越相爱；越相爱，越相似。

● 人际贴士

假设你正在参加一场聚会，周围都是初次见面的陌生人。在聚会中，你遇到了两个人——小A和小B。和小A聊天时，你惊喜地发现，你们的兴趣爱好出奇地相似，似乎有聊不完的话题；而和小B交流时，你们的兴趣爱好却完全不同——你喜欢文艺电影，他偏爱科幻大片；你享受安静阅读，他热衷于户外探险。你们甚至很难找到一个共同话题，聊天也变得有些尴尬。

聚会结束后，如果有人问你更愿意和谁继续联系、发展友谊，你会怎么选？答案几乎不需要思考——当然是和小A！这种自然而然的倾向，正是相似效应在起作用。我们往往更容易被和自己志趣相投、三观相近的人吸引。当我们发现对方的成长背景和我们相仿，想法、兴趣或生活习惯与我们相似时，我们会更容易产生亲切感和信任感，也会更愿意分享自己的想法，从而加深了解，增加彼此的好感度。

在"心事驿站"的故事中，小许和小默的情况就是这样。小许之所以会对小默产生好感，正是因为他在小默身上看到了自己的影子。他们不仅是老乡,还有着共同的兴趣爱好,以及相似的生活方式。这些都是他们生活中的重要部分。当他们在这些方面有很多共同点时,小许可能会感觉自己找到了"知己",从而对小默越来越有好感。

在现实生活中,我们也经常能看到"互补吸引"的例子。比方说,一个喜欢掌控全局、果断做决定的人,可能会和一个更随和、乐于接受安排的伴侣相处融洽。在这种关系中,一方的优势恰好弥补了另一方的不足,使彼此都能从中获得满足。

然而,即使是互补型关系,在更深层次的价值观上,双方依然需要有一定的相似性。以"掌控-顺从"型的情侣关系为例,如果双方都认同"男性应该更具主导性,女性更适合支持和配合"这一观念,他们的相处可能会相对和谐。但如果其中一方坚持这样的观念,另一方却认为两性应该平等、共同决策,那么两人在日常相处中就可能因为观念冲突而产生矛盾,甚至影响感情的稳定。

有研究发现,相似性有助于提升关系的幸福感。夫妻二人在婚前观点越相似,婚后生活的满意度就越高。因此,在恋爱过程中,情侣们可以多聊聊对未来的规划,比如对婚姻、事业、家庭的看法,看看彼此的理念是否契合。两个人的价值观、人生目标越接近,就越容易建立默契,感情也会更加稳固。

幸福的情侣并不一定从一开始就完全相似。很多时候,他们是在相处的过程中逐渐磨合,培养了更多的共同点。比如,一开始两个人的兴趣不同,但随着时间推移,他们可能会因为对方的影响，尝试新的事物，甚至慢慢爱上对方的兴趣。这种"相似的养成"更能增强两个人的亲密感，让爱情持续升温。

❋ 人际交往小 tip：

　　相似性是人际关系建立的"催化剂"，它能让人更快建立亲近感和信任感。较为理想的关系，是在相似的基础上相互影响、共同成长。

43 恋爱补偿效应
爱情，从知道被喜欢的那一刻开始

● **心事驿站**

虽然小默和小许在同一家公司共事已久，但小默并没有特别注意过小许，只是把他当作一个靠谱的同事。

有一天，公司组织了一次团建活动，大家玩了一个叫"背后夸夸你"的小游戏。每个人选择一位最想夸的人，为其写一张匿名的夸奖纸条，由主持人随机读出。

让小默意外的是，自己竟然收到了一张夸奖纸条："小默不仅工作认真，而且是一个热爱生活的人。她在办公桌上养的那束花会给整个公司带来生机，我曾看到她跟飞到窗边的一只小麻雀热情地打招呼，她的好心情会感染周围的人一整天。"虽然小默不知道是谁写的，但这张夸夸小纸条让她心里暖暖的，使她感受到被关注和认可。

第二天，小默在下班回家的路上遇到了小许。小许一如既往地笑着跟她打招呼，聊了几句后，突然有些腼腆地说："昨天团建活动里夸你的人，是我。"听到小许这么说，小默愣了一下。

小许继续说道："其实，我一直觉得你很特别，你性格很好，工作能力也很强，和你一起工作感觉每天都会很开心。"

43　恋爱补偿效应——爱情，从知道被喜欢的那一刻开始

小默有些手足无措，脸微微发红，支支吾吾地回应了几句，赶紧找个借口离开了。她从没想过小许会对自己说这样的话。一直以来，她以为小许对每个人都一样，并没有特别地关注自己。

从那天起，小默开始不自觉地注意起小许来。她这才发现，原来小许总是默默关心着她：中午会特意问她想喝什么，看到她加班会留下来陪伴。那些她曾以为的普通同事间的关心，原来都饱含着特别的情意。想到这里，小默心里不禁泛起一丝甜蜜。

效应解锁

恋爱补偿效应——当我们发现某人喜欢自己时，往往会不自觉地开始关注这个人，并可能因此喜欢上对方。

心理研究

心理学家阿伦森设计了一个有趣的实验，探究我们对他人的喜欢程度如何受到他人对我们评价的影响。

在实验中，阿伦森让助手假扮成普通参与者，与真正的参与者进行一系列日常交谈和互动。在这些互动结束后，研究人员安排了一些"偶然"发生的情境：真参与者会不时"无意中"听到助手与研究人员的对话。在这些对话中，助手会对真参与者做出评价。实验设计了两种不同的情境：

在第一种情境下，助手每次都会夸赞参与者，比如说："他是个很不错的人，性格开朗，很好相处。"

而在第二种情境下，助手总是挑参与者的毛病，比如说："这个人让我感觉很一般，有点儿令人不舒服。"

实验结束后，研究人员让参与者说说对助手的看法，尤其是他们对助手的喜欢程度。结果发现，当参与者"不小心"听到助手对自己的正面评价时，他们对助手的好感度会显著提升。这说明，人们总是倾向于喜欢那些喜欢自己的人。

👥 人际贴士

很多人都说，喜欢一个人就要去表白，这是恋爱中的"临门一脚"。可为什么表白如此重要呢？

在恋爱关系中，表白往往是一个关键的转折点。就拿经典电视剧《还珠格格》来说，小燕子对五阿哥的感情是从什么时候开始发生变化的？正是从五阿哥向她表白的那一刻起。在此之前，小燕子一直傻乎乎地把五阿哥当成自己的好哥哥，丝毫没有恋爱的想法。直到五阿哥表达了他的爱意，小燕子的感情才开始悄然发生改变。

在"心事驿站"的故事中，小默一开始对小许并没有特别的情感。但她得知小许对自己有好感后，态度发生了变化，她开始关注起小许来。正是因为小许主动表达了心意，才让小默对他萌生了情愫。

如果一个人讨厌我们，我们大概率也不会对他产生什么好感，甚至可能会懒得搭理对方。反之，如果一个人主动向我们表

43 恋爱补偿效应——爱情，从知道被喜欢的那一刻开始

现出关注和喜欢，我们往往更容易对这个人产生积极的情感。这是为什么呢？

一方面，是因为安全感的获得。当我们在追求一个人时，内心往往会忐忑不安：对方到底喜不喜欢我？他对我是什么态度？这种不确定性很难不让人感到焦虑。而当对方主动向我们表达喜欢时，我们的安全感会大大增强。因为这意味着，我们不需要再猜测对方的心意，他的喜欢是明确的、笃定的，这种确定性让人感到安心。

另一方面，是因为自尊感的提升。有人向我们表白，这不仅仅是在说"我喜欢你"，更是在告诉我们："我觉得你很优秀，你身上有让我心动的优点。"这种被认可的感觉无形中提升了我们的自尊。我们可能会不由自主地想："嗯，我还挺不错的嘛！"而这种积极的情绪会让我们更倾向于对表白的人产生好感，让我们更愿意与对方接近。

但是，并不是表白就一定能取得好的结果，因为表白在表达自己好感的同时，也暗含着让对方接受自己的要求，这样也会给对方带来无形的压力。所以，在关系还没到"火候"的时候，表白反而会把对方推远。比方说，唐突地在对方寝室楼下捧上一束花，用蜡烛摆一个心形，大声说"我喜欢你"，这种方式不仅显得过于隆重，还会让对方感到极度尴尬，反而可能会把对方吓跑。所以，感情建立初期并不适合做过于直接的表白，适度表达对对方的赞美和好感，就足以产生恋爱补偿效应了。

正所谓，表白不是进攻的冲锋号，而是胜利的凯旋歌。只有

当"火候"到了的时候,比如对方愿意和你单独相处,经常开心地和你约会,甚至不介意和你有点儿亲密的小举动时,深情的表白才会真正捅破最后一层窗户纸,把友谊上升为爱情。

> ❋ **人际交往小 tip：**
>
> 　　如果你喜欢一个人,不妨勇敢地让对方知道你的心意,说不定对方会因此开始关注你,进而喜欢上你。

44 峰终定律
高峰、结尾亮，回忆更加分

● **心事驿站**

"这周末有空吗？想带你去个地方。"手机突然振动，小默点开一看，原来是同事小许发来的消息。自从向小默表明心意后，小许几乎每个周末都会约小默出去。

一开始，小默因为性格内敛，对小许的主动有些抗拒，但不知不觉中，她竟开始期待起每周末的约会了。"好啊，去哪里？"小默回复道。"这次是个惊喜，周六早上9点，我来接你。"小许立刻回复。

周六早晨，小默化了个美美的妆，小许也开车准时出现在小默家楼下。见到小默后，他笑着说："今天带你去郊游，保证你会喜欢！"

一路上，小许打开话匣子，和小默聊着各种话题。当聊到工作时，两人因观点不同产生了分歧。小默有些不开心，赌气不说话。小许见状，立刻转移话题，说起笑话逗她开心。但小默只是安静地听着，偶尔应和几句，还是不太想搭理他。

车子驶入目的地，放眼望去是一片樱花园。蓝天白云下，景色美得让人屏息。"哇！太美了！"小默忍不住惊叹。"上次无意间听到你说喜欢樱花，特地找到这里的。"小许得意地说。小默笑着白了小许一眼："哼，算你比较细心。"他们在花田边找了块空地，一边欣赏美景，一边享用午餐。

饭后，小许从车的后备箱里拿出了一个单反相机，说道："美人配美景，让你感受一下我的摄影技术。"小许说完，便拉着小默去花田里拍照。没想到小许的技术真的很好，在好几张照片里把小默拍得像仙女一般。小默特别开心，早就忘记了来时和小许的争执。

傍晚时分，小许开车送小默回家。在小默家楼下，他突然从口袋里拿出一个小盒子递给她。小默打开一看，里面是一枚精致的樱花胸针。"看你喜欢樱花，就想送你一朵永远不会凋谢的。"小许笑着说。

这一刻，小默被打动了。小默回想起今天的点滴，那些小小的不愉快早已烟消云散，她感觉幸福极了。

效应解锁

峰终定律——当人们回忆一段经历时，往往不会对整个过程平均打分，而是更关注两个关键点：峰值体验（最强烈或最突出的体验）和终值体验（最后阶段的体验）。

如果在一段体验的高峰和结尾，我们的感觉是愉悦的，即使中间的过程可能平平无奇，我们对这段经历的整体印象也会是愉快的。

44 峰终定律——高峰、结尾亮，回忆更加分

心理研究

心理学家丹尼尔·卡尼曼曾与一家医院合作，进行了一项关于结肠镜检查的实验。结肠镜检查需要医生把一个小设备从病人的肛门伸入肠道，这个过程确实让人很不舒服。

实验的参与者是即将接受结肠镜检查的患者。患者被随机分成两组：在第一组中，患者接受标准检查；在第二组中，标准检查结束后，医生会将仪器多留在患者体内 20 秒——虽然仍有不适，但这段时间的痛感比仪器移动时要轻微得多。

在检查过程中，患者需要每隔 1 分钟报告一次他们的感受，给自己的疼痛感打分，0 表示没有感觉，10 表示剧痛。检查结束后，他们还需要为整个检查过程的总体疼痛程度打一个分（同样是 0～10 分）。

理论上，检查的总时长应该会直接影响患者的总体疼痛程度评分。也就是说，设备停留在患者体内的时间越长，累积的痛苦也越多，患者对总体疼痛程度的评分应该会更高。

但实验结果却验证了峰终定律。患者对检查的整体感受，更多取决于最痛苦时刻的感受（峰值）和结束时的感受（终值）的平均值，即"（峰值＋终值）/2"，而不是整个过程的累积体验。

举例来说：某位患者的检查时间为 8 分钟，过程中的最高疼痛值是 8 分，最后 1 分钟的疼痛值是 7 分，他对整个过程的评分等于（8＋7）/2，即 7.5 分。另一位患者的检查时间长达 24 分钟（显然更惨），过程中的峰值同样是 8 分，但最后 1 分钟的疼痛值

仅为 1 分，他的整体评分等于（8＋1）/2，只有 4.5 分。

尽管第二位患者的检查时长是前一位患者的三倍，累积的痛苦也更多，但他的大脑只记住了最痛的时刻和最后的轻松感，因此认为"整体体验没那么糟糕"。

更有趣的是，五年后，更明显的差异出现了。第二组（多留仪器 20 秒的那组）患者比第一组患者更愿意回医院进行结肠镜复查。原因是，他们记忆中的检查并没有那么痛苦，他们对这件事的抗拒程度更低。这个实验生动地说明了一点：我们对经历的记忆，往往由过程中的高峰和结尾决定，而非整个过程的总和。

人际贴士

你知道吗？我们的记忆其实很"偏心"。根据峰终定律，在一段经历中，我们最容易记住两个部分：情绪最强烈时和结束时的感受。这就像看一部电影，即使剧情很长，我们往往也只记得最精彩的场景和结局。这既是人类记忆的特点，也是我们可以巧妙利用的一个小技巧。

在感情生活中，我们如何运用峰终定律，给彼此留下深刻的美好体验，让感情逐渐升温呢？有两点小建议：

一是，学会制造"高峰体验"。所谓"高峰体验"，就是整段经历中最让人难忘的瞬间，它可以是特别的快乐、浪漫、惊喜或者感动时刻。这并不一定需要花很多钱，关键在于用心。例如，你可以带对方去一个一直想去但还没机会去的地方，或者，在平淡的日子里给对方来个暖心的小惊喜。

二是，尝试优化"结束体验"。每次互动的结尾，往往是对方记忆中非常重要的一部分。如果结束时的感受是美好的，就会让整段经历加分。例如：在约会结束时，可以给对方准备一个贴心的小礼物，最好是对方感兴趣的东西；日常聊天时，可以用几句积极、温暖的话来收尾，这能增加亲密感；如果是线下见面，分别时，还可以给对方一个大大的拥抱（在关系到位的情况下），这会让对方觉得特别安心。

在"心事驿站"的故事中，小许就很好地运用了峰终定律。尽管他和小默在约会过程中有过一点儿小争执，但在两人一起欣赏樱花盛开的美景和拍摄美丽的照片（高峰体验），以及约会结束时的樱花胸针（结束体验）面前，那些不愉快的小插曲都变得无关紧要了。这样一来，小默在回想起这次约会时，记住的只有幸福和浪漫。

虽然美好的高峰体验会让人忘记不愉快的经历，但也不能因此而肆无忌惮地制造消极情绪，否则消极情绪本身可能会成为高峰体验。此时，任何补救都会显得微不足道了。

两个人的相处需要用心经营，在对方生日或者周年纪念日时，精心准备一个特别的惊喜，可以让这些时间节点成为感情中的"高光时刻"，令两个人的关系越来越甜蜜。

❋ **人际交往小 tip：**

人们对一段经历的记忆更多来自高峰体验和结束体验。我们要懂得创造美好时刻，也要注意给每段经历画上圆满的句号。

第二节

如何走出"有毒"的关系

45 野马效应
情绪失控，伤人伤己

♥ **心事驿站**

小羽和小韩在相恋一年后步入婚姻。起初，两人感情很好。在小羽看来，小韩虽然性格有些急躁，但平时对她很体贴，工作上也能独当一面，是个值得依靠的好伴侣。但婚后不久，小羽渐渐发现，小韩的脾气特别暴躁，就像一颗随时可能爆炸的炸弹。

小羽常常感到委屈：自己没说什么，也没做错什么，他怎么就突然发火了呢？更令她难以接受的是，小韩在外面是个十足的"老好人"。不论是对同事还是朋友，他总是耐心周到、性格温和。可一回到家，他就像换了一个人，稍微有点儿不顺心，就会情绪失控。

有一次，两人因为一件小事争执了起来，小韩怒火中烧，拿起桌子上的一排玻璃杯狠狠摔在地上。"砰！砰！砰！"杯子一个接一个地碎成很多块，玻璃渣子散落得到处都是。小羽被吓了一跳，待在原地不知所措。

事后，小韩又一次低声道歉："我错了，真的对不起，我不该摔东西，我以后一定改……"看着小韩懊悔的样子，小羽的心又软了。她安慰自己："他也知道错了，可能就是一时没控制住吧，之后应该会好起来的。"毕竟两个人走到一起不容易，她选择了原谅。

几周后,类似的情景再次上演。小韩又因为一件小事情绪失控,抱起客厅里的电视狠狠地摔在地上。虽然电视是小韩自己在婚前买的,但那一瞬间,他的暴怒还是让小羽感到特别害怕。她忍不住想:"如果下次他摔的不是电视,而是我,该怎么办?"

小羽开始意识到,自己不能再这样生活下去了,但她也不知道该怎么办。她爱小韩,可她更害怕这样的日子会让自己彻底崩溃。小韩的易怒和失控,让两人的关系变得越来越差。

🔓 效应解锁

野马效应——人们对某些事件反应过度,产生了强烈的情绪反应和非理性行为,这种过度反应会对自己和他人的身心健康造成损害。

野马效应源自这样一个故事。有一种吸血蝙蝠,常叮在野马的腿上吸血。从科学角度来看,这些蝙蝠每次吸食的血量很少,对野马的生命并不构成真正的威胁。然而,一些野马会因此陷入疯狂:它们十分暴躁,疯狂奔驰,最终筋疲力竭而死。动物学家研究后发现,致命的并不是那一点点失血,而是野马过度的愤怒和无休止的狂奔。

👁 心理研究

为什么一个平时看起来挺温和的人,在情绪失控时,会做出

45 野马效应——情绪失控，伤人伤己

令人难以置信的行为？心理学家发现，当一个人的情绪调节能力存在缺陷时，其决策行为会受到影响。为了深入研究人们的决策行为，心理学教授安东尼奥·达马西奥及其同事设计了一个巧妙的实验。

实验对象分为两组：实验组的参与者是大脑内侧前额皮质（对情绪调节起关键作用）受损的患者，对照组则是普通人。

参与者的任务是，从四副纸牌（A、B、C和D）中任意选择纸牌，以赢得尽可能多的点数。

规则是这样的：如果选择纸牌A和B，通常能赢100点，但偶尔会有非常大的损失。如果选择纸牌C和D，通常只能赢50点，但损失则要小得多。实验会进行很多轮，因此从长远来看，选择C、D牌更有利。

实验结果很有趣，普通人一开始会被高额收益吸引，倾向于选择纸牌A和B，但在经过几次损失后，他们会开始权衡利弊，意识到C和D的风险更低，最终明智地转向选择C、D牌，获得更稳定的收益。

然而，情绪调节能力受损的患者无法根据损失调整自己的选择，始终倾向于选择A和B，尽管这些纸牌会带来更大的损失，且每次损失时，患者都会暴怒，但他们似乎走进了死胡同，始终不更改自己的决策。

这个实验不仅揭示了情绪调节能力与决策之间的关系，也帮助我们更好地理解为什么有些人在情绪失控时会做出不理智的行为。

人际贴士

你是否注意过这样一个现象：有些人面对普通朋友或同事时，看起来情绪还算稳定，表现得也比较平和，但一旦进入亲密关系，就会变得情绪不稳定，甚至暴躁易怒。他们似乎不忍心去伤害周围关系一般的人，却常常伤害最亲近的人。

为什么会这样？这是因为在亲密关系中，人们往往认为"对方不会轻易离开自己"。这种安全感让他们放松了对情绪的约束，将生活中的压力、不满等负面情绪都倾泻在最亲近的人身上。

在亲密关系中，适度的冲突并非坏事，因为这能帮助双方更好地了解彼此的需求和想法，进而解决更深层次的问题。如果争吵后能坦诚沟通，找到问题的根源，并共同努力改进，彼此的感情就会更加稳固。但如果遇到冲突只是发泄情绪，甚至夹杂着攻击和伤害，那么感情就会慢慢变质。

在"心事驿站"的故事中，小韩的"窝里横"行为可以看作野马效应的体现。他的暴躁和失控不仅使小羽的安全感降低，对小羽的身心造成了伤害，也让两人的关系变得极其不稳定。

更严重的是，频繁的情绪失控可能演变成家庭暴力。而家暴的危害，不只有对伴侣心理上的摧残，还有身体上的伤害。2024年那起"两年被家暴16次离婚案"就是一个触目惊心的例子：受害者在婚前不知丈夫有暴力倾向，在婚后两年内，她遭受了至少16次家暴，最后一次被施暴导致她肋骨骨折、十二指肠断裂，不得不终身依靠粪袋生活。这个案件警示我们：情绪极容易失控的人可能会在毫无预兆的情况下爆发，给对方带来无法挽回的伤害。

如果你发现伴侣容易情绪失控，有暴力倾向，请不要抱着"他会改变"的幻想一味忍耐。及时寻求帮助，必要时果断离开，这不是无情，而是对自己的人生负责。

> ❋ **人际交往小 tip：**
>
> 爱不是容忍暴力或伤害，在亲密关系中，我们要懂得保护自己。同时，我们也要学会控制自己的情绪，不要因为一些小事情就"情绪爆炸"。

46 踢猫效应
别把坏情绪，踢给无辜的"小猫"

♥ 心事驿站

小默的父亲在一家公司上班，不幸遇到了一个让人头疼的领导。这个领导不仅脾气差，还特别刻薄，下属只要犯一点点小错，就会被他劈头盖脸地骂一顿，毫不留情。

小默的父亲是个老实人，工作中也难免会有些差错，因此经常成为这个领导的"出气筒"。可为了养家糊口，他只能硬着头皮忍，表面上不敢反抗，心里却充满了委屈和愤怒。

每次下班回家，他总是忍不住向小默母亲诉苦："今天又因为一点儿鸡毛蒜皮的事被骂了，真是倒了八辈子的霉才遇上这么个领导！"他抱怨个没完没了。这样的抱怨几乎成了他的日常。

那天，小默的母亲刚买回一些日用品，本来心情挺不错，但丈夫看到她后，突然就横加指责："你每天闲着没事干，买这么多没用的东西干吗？我每天辛辛苦苦上班受气，你以为钱是好挣的吗？你就这么败家！"

听到丈夫的指责，小默母亲的脸色一下子就阴沉了下来。她的压力也不小，家里的日常开销、孩子的学费、柴米油盐的琐事，哪一样不需要操心？丈夫的话让她心里更加烦闷，这股怨气又无处释放,最终就落到了小默身上。

当晚小默母亲辅导作业时,小默有一道题没听懂,问了两遍,小默母亲的耐心一下子就没了,她开始对小默发火:"你是不是笨啊?这么简单的题都不会!我们这么辛苦供你上学,还报了那么多辅导班,结果成绩还是这么差!你到底在干什么?"面对母亲的责备,小默低着头,眼泪在眼眶里打转,一句话也不敢说。

渐渐地,小默变得谨小慎微,总是小心翼翼地观察父母的脸色,再决定说什么、做什么,生怕自己一个不小心又惹来一顿责骂。

🔓 效应解锁

踢猫效应——一种负面情绪的连锁反应:一个人在遇到挫折或压力后,产生了负面情绪,但因为无法直接对挫折源发泄,便将这种情绪转移到更"安全"的对象身上。那些最弱小、最无力反抗的个体,往往会成为最终受害者。

这个效应源自一个经典故事。某天,一位父亲在公司被老板狠狠批评了一顿。他憋着一肚子火,无处发泄。回到家后,他看见孩子在沙发上蹦蹦跳跳,就把孩子臭骂了一顿。孩子委屈又生气,看到家里的猫咪在地上打滚,就狠狠踢了猫一脚。受惊的猫咪仓皇逃到街上,一辆卡车为避让猫咪,不小心撞伤了路边的一个行人。

第四篇　亲密关系

◉ 心理研究

心理学家加里·斯梅尔曾做过一个有趣的情绪传染实验。他挑选了两位性格迥异的实验对象：一位是乐观开朗、心态积极的 A，另一位则是整天愁眉不展、情绪低落的 B。

实验设计很简单：两人被安排在一个房间里自由交谈。研究人员则会观察他们的情绪变化，并详细记录下每个人在互动过程中的情绪反应。

实验结果令人意外。不到半个小时，原本乐观开朗的实验对象 A 也开始变得愁眉苦脸起来。他的情绪明显受到另一个实验对象 B 的影响，从一开始的积极轻松，逐渐变得低落。

斯梅尔的实验表明，不良情绪具有很强的传染性。即使是性格乐观的人，在持续接触消极情绪时也会不知不觉被"感染"。更重要的是，这种情绪传染往往在 20 分钟内就能完成，远比我们想象的要快得多。

◉ 人际贴士

消极情绪就像感冒病毒一样，具有很强的传染性。当一个人无法妥善处理自己的负面情绪时，就很容易将这种情绪传递给周围的人，而被传染的人又可能将情绪再传递给其他人，形成一种恶性循环。长此以往，不仅自己痛苦，也会让周围的人感到压抑。

在"心事驿站"的故事中，小默的父亲在公司受了气，把负面情绪带回家，传给小默母亲。母亲接收了这些负能量，不自觉地把压力转移到孩子小默身上。而小默呢，只能默默承受这些消极情绪，感到伤心和不安。这根负面情绪的"接力棒"，让家里的每一个人都受到了伤害。

在亲密关系中，负面情绪的传染性表现得尤为明显，因为很多人习惯将伴侣当作"情绪垃圾桶"，毫无保留地把自己的负面情绪倾泻到对方身上。这种情绪发泄虽然能让人短暂地"轻松"一下，但并不能真正解决情绪背后的问题，反而会让亲密关系变得紧张。

这也是为什么很多人既向往恋爱，又觉得恋爱麻烦。单身时，我们只需要管理自己的情绪，开心就开心，不开心就自我调节。但进入恋爱关系后，我们不得不面对和处理另一半的情绪。一个不小心，整个家庭都可能陷入"低气压"中。

有情绪是很正常的事情，每个人都会有好情绪和坏情绪。关键在于，我们如何应对这些情绪。在处理情绪时，我们需要区分"表达"和"发泄"这两种方式。情绪表达是建设性的，目的是解决问题，寻求理解和支持。而情绪发泄往往具有破坏性，比如"踢猫"行为，只是把负面情绪粗暴地转移给他人，并不能真正解决问题。

遇到消极情绪时，我们应该学会恰当地表达，即清晰地告诉对方自己的感受和需求，给情绪找到出口的同时，也能让对方了解自己的状态。比如，你可以对伴侣说："今天工作压力很大，我有点儿烦躁，可能会情绪不好，但这不是针对你。我需要打会儿游戏放松一下。"通过这样的表达,你既释放了自己的压力,也能避免将这些负面情绪"踢"给那个无辜的人。

> ❋ **人际交往小 tip:**
>
> 　　坏情绪需要合理地"表达",而不是肆意地"发泄"。面对只会发泄负面情绪的人,我们要学会及时调整自己的心态,或者尽量远离。

47 煤气灯效应
是操纵，不是爱

● **心事驿站**

小扬刚开始追求小希时，对她百般体贴。在他的温柔攻势下，小希渐渐动了心，两人走到了一起。然而，好景不长。随着关系的确立，小扬开始展现出强烈的控制欲。

一开始，小希喜欢和闺密们聚在一起说说笑笑，可小扬对此却表现出不满。他总是冷嘲热讽，说些"她们心机深""对你不怀好意"之类的话。起初小希并不在意，可经不住小扬日复一日的暗示。她似乎真的发现闺密在一些细节上更注重自己的利益，开始怀疑闺密的真心，与她们的来往也就渐渐少了。

小扬还总能找到各种借口阻止小希与家人朋友联系："你家人根本不懂你。""这些人也不过是表面朋友，真遇到事，除了我会帮你，还有谁会帮你？"慢慢地，小希觉得小扬说的似乎有道理。就这样，小希的社交圈越缩越小，最后只剩下了小扬一个人。

小扬还会对小希进行言语打压。从外表到能力，他对小希百般挑剔："你这件衣服不好看，显得又矮又胖。""这么简单的工作都做不好，你是不是真的很笨？""你这情商也就我能忍得了，别人早在心里嫌弃你800遍了。"但每次奚落完小希，看小希情

第四篇 亲密关系

绪不佳,小扬又会赶紧哄一下:"你也别生气,我说得可能直接了点儿,但这都是为你好。况且,我是不会嫌弃你的。我这么爱你,有我在,我会帮你变好的。"

除此之外,在相处的过程中,小扬总会把小希的一些细微失误无限放大。比如,小希某次出门忘带钥匙,让小扬帮忙送了一下。小扬只是花了十分钟,却指责小希把自己的时间规划完全打乱了,以至于一整天什么事情都没做成。再比如,小希有次陪小扬和他的几个朋友一起吃饭,小希仅仅是不小心把一滴油滴在了衣服上,回家后,小扬发了一晚上的脾气,说小希是他所有女朋友中最邋遢的,让他在朋友面前非常没有面子。这些事情让小希充满愧疚,觉得是自己搞砸了一切。

最初,面对小扬的言语暴力与不断指责,小希感觉很愤怒,觉得小扬不可理喻。但在小扬长时间打压又时不时"给颗甜枣"的模式下,她开始为自己辩解,希望小扬能够理解自己。在持续的精神压迫下,她逐渐自信心崩塌,开始怀疑自己过去是不是真的盲目自信了,也许真的如小扬所说,自己在外表、能力还有情商方面都比较差劲,幸亏小扬不嫌弃自己。

三年的时光,足以改变一个人。和小扬恋爱三年后,曾经自信开朗的小希变得畏畏缩缩,对什么事都没了主见。她开始相信自己真的一无是处,觉得能有小扬这样的男朋友是自己的福气。即使在这个过程中,小希内心也感受到非常痛苦,但她似乎接受了这就是自己命运的安排,谁让自己天生如此不堪?所以她也不再奢望能够改变现状,更没有想过离开小扬。

47　煤气灯效应——是操纵，不是爱

🔓 效应解锁

煤气灯效应——一种隐蔽而危险的心理操控手段。施害者通过否定、误导等方式，让受害者逐渐怀疑自己的记忆、感知和判断，进而控制受害者的思想和行为。这种手段在本质上类似于PUA（情感操控）。

为什么叫"煤气灯效应"呢？这个名字源于一部经典话剧《煤气灯》，后来被改编成电影《煤气灯下》。故事中，一名男性通过操控煤气灯的亮度，使他的妻子感到困惑，以为自己精神出现了问题，从而达到控制她的目的。

👁 心理研究

大多数被操纵的受害者，往往是在长期遭受否定、打压和误导后，逐渐陷入了一种"习得性无助"的状态。

心理学家马丁·塞利格曼和他的团队通过一个关于狗的实验，首次揭示了习得性无助这一现象。在这个实验中，研究人员将24只狗随机分成三组：

第一组是控制组，狗被关在笼子里，没有受到任何电击。

第二组是可逃脱组，狗会受到电击，但它们可以通过用鼻子压一个东西来终止电击。

第三组是不可逃脱组（也称无助组），狗同样会受到电击，但很不幸，它们没有任何办法停止电击。

在实验中，第二组和第三组的狗被电击了相同的次数——64

次。第二组（可逃脱组）的狗很快学会了如何停止电击，而第三组（不可逃脱组）的狗在尝试了30次后，便完全放弃抵抗，任由电击继续。

24小时后，研究人员让三组狗接受了另一个测试——"穿梭箱测试"。在这个测试中，每只狗都需要跳过一个隔板来躲避电击。在电击开始前，会有一个短暂的声音信号作为提示。狗如果在10秒内跳过隔板，就可以完全避免电击，否则电击会持续，直到狗跳过隔板或电击自动停止（最长60秒）。测试一共进行了10次。

结果令人吃惊：第二组的狗几乎都能成功避开电击，而第三组的8只狗里有6只完全放弃了尝试。一周后，研究人员再次测试这6只狗，有5只狗仍然表现出同样的无助状态。它们只是蜷缩在箱子角落，承受着电击。

塞利格曼分析认为，第三组的狗在前一个实验中，因多次尝试无果，已经形成了一种习得性无助的心理状态。它们认为，无论自己如何努力，电击都不会停止，于是放弃了所有尝试。

这个发现对理解人类行为具有重要意义：当一个人在现实生活中反复遭遇挫折时，就容易对自己的能力产生怀疑，认为无论怎么努力都无法改变现状。这种想法会让人变得消极、被动，不再尝试改变。最终，这个人可能丧失信心，放弃努力，沦为习得性无助的受害者。

🐻 人际贴士

在亲密关系中，你觉得自己过得开心吗？你对自己感到满意

47 煤气灯效应——是操纵，不是爱

吗？如果你发现自己总是被对方打压、贬低，自信心逐渐消失，甚至开始怀疑自己的价值，那你可得小心了，这可能是煤气灯效应在影响你。

煤气灯效应常出现在亲密关系里，因为施害者往往会利用受害者对自己的信任和依赖，一点点摧毁对方的自我认知。这种操控行为和学历高低没关系，"北大包丽案"就是一个令人痛心的例子。

包丽原本是个活泼开朗、才华横溢的女孩，以优异的成绩考上了北大法学院，未来一片光明。可她认识了牟林翰后，就开始坠入深渊。牟林翰经常打压她，让她称呼他为"主人"，逼她在身上文"我是牟林翰的狗"，并拍下文身过程给他看。他还要求包丽做绝育手术，把切下来的输卵管当"纪念品"送给他。在这种长期的精神折磨下，包丽绝望地吞下200颗药丸，走向了生命的尽头。自杀前，她给男友留遗言，将自己贬低为"垃圾"，向他道歉。在生命的最后一刻，她不是恨牟林翰的残忍，而是怪自己不够好，这实在让人难过。

我们为包丽感到惋惜的同时，不禁思考：为什么像她这样优秀的人也会落入精神控制的陷阱？这是因为操纵者的手段是渐进的、隐蔽的，他们会不知不觉地摧毁受害者的自尊心和自信心。

操纵行为尽管隐蔽，但也能够被识破。它通常有三个特点：一是打压你，比如告诉你，"你是他交往过的所有对象里最差的一个"。二是切断你和外界的正常联系，不是把你关起来，而是让你在心理上感到被孤立。他会贬低你的家人和朋友，逐渐让你觉得只有他可以依赖。三是制造愧疚感，他会把他的不幸怪罪到

你头上，让你不断自责，无法离开他。

被操纵者通常会经历三个阶段：一开始是不相信，试图反驳对方；后来会开始辩解，试图证明自己行为的合理性；最后会陷入压抑状态，认同对方的指责，开始怀疑自己，丧失自我。

在"心事驿站"的故事中，小希一开始会反驳男友小扬的说法，觉得对方不可理喻。但慢慢地，她开始为自己的行为辩解。她开始辩解，就说明她已经受到男友小扬的影响了。辩解得越多，她就会越怀疑自己：难道真的是自己的错？一旦陷入自我怀疑，就会逐渐失去自我，完全屈从于操纵者。两人的关系也会变得扭曲起来。

好的感情是，哪怕最后分手了，某天回想起来时，你也会觉得自己有所成长、值得被爱。而如果一段感情让你变得自卑、压抑，那它绝不是一段好的感情。有些人可能会因为害怕被抛弃，或不知道怎么建立健康的依恋关系，而使用这种精神控制手段。如果你发现自己或身边的人正在遭受精神控制的伤害，一定要及时寻求专业的心理帮助，让自己或身边的人尽早摆脱操纵者的影响，重新找回自我。

❋ 人际交往小 tip：

爱是尊重，是支持，是让你感到温暖和有力量。如果一个人打着"为你好"的旗号打压你、贬低你，一定要清醒过来，那是操纵，不是爱。

48 控制错觉
以为能掌控，其实不然

❤ **心事驿站**

小雯和阿广是在一次聚会上认识的。小雯长相甜美，一双大眼睛水灵灵的，笑起来更是让人心生好感。阿广对她一见倾心，而小雯对阿广的印象也不错，很快，两人便走到一起，成了情侣。

阿广是个性格单纯、对感情十分认真的男孩。这是他第一次谈恋爱，他将小雯视为自己的真爱，对她百般呵护。早在两人交往之前，阿广就听朋友们提起，小雯有打麻将的习惯，而且还会赌钱。朋友们担心阿广会变成小雯的"取款机"，纷纷劝他要慎重。但当时沉浸在恋爱甜蜜中的阿广并没有将朋友们的劝告放在心上，他相信小雯，觉得她只是偶尔玩玩，不会沉迷其中。

一天，小雯一脸愁容地找到阿广，低声向他借3000块钱。阿广关切地问她出了什么事，小雯咬了咬嘴唇，犹豫了一下，才不好意思地说："我……我打麻将输了不少钱。朋友们一直拉我一起玩，我实在抹不开面子，结果就……"

看着小雯楚楚可怜的模样，阿广心软了，二话不说便把钱借给了她，同时也认真地劝说道："小雯，偶尔和朋友们玩玩麻将

第四篇　亲密关系

没问题，但别赌钱，好吗？万一沉迷进去可就不好了。"小雯点点头，答应了阿广。阿广心里松了一口气，觉得小雯知错能改，便没有再说什么。

过了一段时间，小雯又找到阿广，这次她一脸认真地说："阿广，我想提升一下自己，打算考研，需要报个辅导班。我现在手头紧，你能不能支持我5000块？等我以后考上了，找到好工作，一定会还给你的。"

阿广听后，心里有些犹豫，最近他的经济状况也不太宽裕，但转念一想，女朋友有上进心，想提升自己，这当然是好事。于是，他把钱转给了小雯，支持她的学业。本以为这次是对未来的投资，可阿广万万没想到，小雯并没有拿这笔钱去报辅导班，而是再次投入了麻将桌。结果还是一样——输得一干二净。

阿广得知真相后，气得和小雯大吵了一架。吵完静下心来后，阿广反思：是不是自己做得不够好，陪伴小雯的时间还不够？他开始抽出更多的时间来陪伴小雯，给她做好吃的，带她出去旅游，希望能通过自己的陪伴让她远离麻将桌，重新回归正常的生活。

可惜，事与愿违。没过多久，正在上班的阿广接到了小雯的电话。电话那头，小雯的语气格外焦急："阿广，我妈病了，需要做手术，家里还差1万块钱……你能不能帮帮我？"阿广听后，毫不犹豫地把钱转给了小雯。事后，他给小雯家人打电话，想关心一下小雯妈妈的身体情况，结果却得知她妈妈根本没生病。类似的事情发生了好几次。

有一次，阿广实在忍受不了了，质问小雯为什么要一而再、再而三地骗他。面对阿广的质问和指责，小雯毫不觉得自己有错，反而自信地对阿广说："阿广，你根本不懂！我以前打麻将赢过一大笔钱，这些天只是手气不好而已。风水轮流转，最近我肯定能把钱赢回来的！而且，我昨天还特地去寺庙拜了财神，烧了高香，财神爷一定会保佑我的！"

听到这些话，阿广整个人愣住了。他既困惑，又无奈。他一次次地劝小雯，而她每次都满口答应，可下一次依然如此。阿广不明白，自己对她那么好，每次都选择相信她，为什么她却始终不愿意改变呢？

◉ 效应解锁

控制错觉——人们以为自己能控制或影响一些实际上完全随机、超出个人掌控范围的事情或结果。

◉ 心理研究

心理学家埃伦·兰格设计了一系列与概率相关的随机性游戏，揭示了控制错觉这一心理现象。

第一个实验是"纸牌游戏"。她让参与者与两个"托儿"（研究助手）中的一个玩纸牌。一个助手故意表现得很紧张、没自信，另一个则是自信满满。有趣的是，虽然游戏结果完全是随机的，但当参与者遇到那个看起来很紧张的对手时，他们会下更大的赌注，觉得自己更容易赢。这说明，人们容易被表象迷惑，误以为自己能控制游戏结果。

第二个实验是"彩票选号"。一部分参与者可以自己主动挑选彩票号码，另一部分则被动接受分配。当研究人员想要买回这些彩票时，自己选号的参与者开出的价格明显更高。这说明，虽然中奖的概率是随机的，但人们会觉得自己选择的号码会有更大的概率中奖。

第三个实验是"抛硬币"，这是最精彩的一个实验。参与者需要猜抛出去的硬币静止下来时是正面还是反面，一共猜30次。研究人员暗中操控了硬币正反面的结果，把参与者分成三组：第一组开局就连续猜对15次，第二组最后才连续猜对15次，第三组随机地猜对15次。结果发现，虽然三组参与者的最终猜对次数完全相同，但那些在开头连续猜对的参与者最容易产生控制错觉。他们相信自己有某种能力，能够预测或影响硬币的结果，他们甚至觉得可以提升自己的预测能力。这说明，早期的成功体验更容易让人产生控制错觉。

🐾 人际贴士

生活中有一个很有意思的现象：很多事情明明是完全随机的，跟我们没有什么关系，但我们却常常觉得，通过某些行为或语言，似乎可以"控制"这些随机事件的发生。

举个例子，你有没有掷过骰子？比如说，你想掷出一个

48 控制错觉——以为能掌控，其实不然

"六"。这时候你会怎么做？有些人可能会在手里哈一口气，然后左摇摇、右摇摇，再掷出去；有些人可能会用一种特殊的手法给骰子旋一下；还有些人可能会盯着骰子转动的轨迹，嘴里不停地念叨"六六六"，仿佛骰子能听懂人话。这些行为看似可笑，但都反映出想要控制结果的心理。事实上，除非作弊，否则无论你怎么掷，这颗骰子的点数都是随机的。但还是会有很多人试图用一些奇怪的"仪式感"来控制它，这就是一种典型的控制错觉。

这种现象不仅出现在我们的生活小事上，也广泛存在于人类的历史文化长河中。比如，东西方文化中都有的"求雨"仪式。在古代，如果天公不作美，长期不下雨，人们就会摆供品、上香，或者跳宗教仪式性的舞蹈，甚至可能献祭鸡鸭牛羊等动物，希望老天降一场及时雨。但是，天会不会下雨，真的能靠这些仪式决定吗？显然不能。在没有现代科技（比如人工降雨技术）的时候，天气完全不受人类控制。但人们总是误以为，通过某些行为，自己可以影响甚至掌控自然。

类似的情况也发生在天灾面前。古人常常会把自然灾害归因于"天谴"，认为是人犯了错，惹怒了老天，才会导致灾害发生。他们会试图通过祭拜、祈祷等方式，让"老天息怒"。这些行为虽然无法改变自然，却满足了人们内心深处对"掌控"的渴望——即使面对失控的局面，人们依然希望通过某种方式来重新掌握主动权。

在"心事驿站"的故事中，小雯就陷入了这样的控制错觉，高估了自己对麻将胜负的掌控能力。她认为，自己之前赢过钱，

最近只是运气不好，但运气总会改变，赢钱只是时间问题。这种想法属于"赌徒谬误"，即认为"过去连续输了，未来一定会赢回来"，而忽略了每次麻将的输赢其实都是独立的事件，并不会因为过去的输赢而改变现在输赢的概率。此外，她去寺庙拜财神、烧高香，相信自己在财神的保佑下，一定能"翻盘"。这种信念并不是建立在理性分析之上，她只是通过自我安慰和幻想，增加了自己对赌博的掌控感和自信心。

控制错觉不仅体现在对随机事件和自然现象的认知上，也存在于人际关系中，尤其是在亲密关系里。有些人会选择一个与自己期望并不相符的对象，然后幻想着能改变对方。比如：找个胖的对象，想着一定能督促他减肥；找个"学渣"，觉得能把他变成"学霸"；找个没有上进心的人，认为通过自己的努力，可以让对方成为一个成功人士。结果呢？要么发现对方根本没按自己的期待去改变，最后争吵不休；要么看到对方改变了却不快乐，自己陷入深深的自责之中，最后彼此都身心俱疲。

"心事驿站"中的阿广正是如此。他的控制错觉体现在他高估了自己对小雯行为的影响力。他认为，只要自己用心陪伴、劝导，并给予足够的支持，小雯就能意识到自己的错误，并为之改变。即使每次都被欺骗，阿广仍然相信自己能够让小雯改变。然而，他忽略了一个事实：小雯的麻将瘾并不是因为孤独，也不是因为他做得不够好，而是一种对赌博的控制错觉，这并不是简单的陪伴就能改变的。

成年人的爱情，讲究的是筛选，而不是改变。如果你发现对方身上存在某些缺点，那就需要冷静思考：这些缺点你能忍受吗？如果不能，或许两人就不适合在一起。因为爱情不仅仅取决于对方的优点有多吸引人，还取决于你能不能接受对方的缺点。如果你可以接受，那两个人可以相互磨合；如果你无法接受，却执意要改变对方，那痛苦就不可避免。

❋ 人际交往小 tip：

　　爱情不是改造工程，而是两个人的相互欣赏与包容。如果彼此的价值观或生活方式相差太远，与其勉强对方改变，不如放手。

49 破窗效应
小事不管，大事来

❤ **心事驿站**

小卓不太擅长处理矛盾，每次和女朋友萱萱因为一些问题起争执，他总是选择回避，而不是正面解决问题。

有一次，因为一个小小的误会，两人爆发了激烈的争吵。争吵过后，谁都不愿意先低头，于是开始了长达三天的冷战。到了周末，萱萱终于主动开口："听说附近新开了一家商场，咱们去逛逛吧？"小卓很快回复："好啊。"

就这样，两人迅速"和好如初"，一起出门逛街。一路上，谁也没有提起那场争吵，仿佛什么都没发生过。表面上看，他们的关系又恢复了正常，实际上，那场争吵带来的问题并没有真正解决，反而像一条细细的裂纹，悄悄出现在他们的感情中。

过了几天，两人又因为一件小事起了矛盾。小卓心想："上次冷战三天，后来不也没事了吗？这次等她的气消就好了。"于是，他还是选择沉默，再次开启冷战模式。果然，过了几天，萱萱气消了，两人又像没事人一样相约去吃火锅。那场争吵，又一次被刻意忽略。

渐渐地，这种处理矛盾的方式成了他们的相处模式。每次

49 破窗效应——小事不管，大事来

有了分歧，小卓就觉得，反正之前冷战几天就过去了，这次应该也一样。而萱萱虽然心里难受，却也不知该如何打破这种局面。刚开始，冷战或许只持续几天，但随着矛盾的积累，冷战的时间越来越长，从三天到五天，再到一周，有一次甚至长达半个月。

时间久了，这种相处方式让两人都感到疲惫。萱萱觉得小卓不够关心她，小卓也觉得萱萱不够理解自己。一次次的冷战消磨了彼此之间的信任和感情，两人最终选择了分开。

效应解锁

破窗效应——在人际关系中，小问题如果不及时解决，可能会导致更大的问题。

这个效应由政治学家詹姆斯·威尔逊和犯罪学家乔治·克林提出，最初是用来解释环境和犯罪率之间的关系的。它指的是，如果有人打坏了一栋建筑的窗户玻璃，而这扇窗户又得不到及时的维修，其他人可能因此受到暗示，觉得破坏行为是被默许的，于是就会去打破更多的窗户。久而久之，这种"破窗"的存在会给人一种混乱、无序的感觉，可能引发一个地区中人们进一步的犯罪和反社会行为。

心理研究

心理学家津巴多曾做过一个引人深思的社会实验，用实际案

例验证了破窗效应的存在。

他准备了两辆一模一样的汽车,将它们分别停放在两个不同的地点:一辆停在治安较差的地区,另一辆停在治安良好的地区。

在治安较差的地区,为了让汽车看起来像被"废弃"了,他特意将车牌摘掉,并打开了车窗和引擎盖。结果没过一天,这辆车就被人偷走了。

在治安良好的地区,研究人员让汽车保持原样(没摘车牌,也没打开车窗及引擎盖),结果放了一个星期之后,汽车依然完好无损。

是不是地区的治安状况决定了车子的命运?那你可就想错了。研究人员继续推进实验,故意用锤子打碎了停在治安良好地区的这辆车的一块车窗玻璃。结果在短短几个小时内,汽车上的窗户玻璃都被打碎了,车内的东西也全部被别人偷走了。而且,车子本身也未能幸免,一天之内就不见了踪影。

这个实验充分说明,破坏行为具有示范性和扩散性。即便是一个小小的破坏,如果不被及时制止,也可能会带来连锁反应,最终导致局面失控。

🐾 人际贴士

设想一个场景:当你穿了双新鞋走在路上时,突然下起了雨。你踮起脚尖,走得格外小心,生怕弄脏了新鞋。然而,雨下得越

49 破窗效应——小事不管，大事来

来越大，你一个不留神，右脚踩进了小水坑，泥水溅在鞋面上，弄得新鞋又湿又脏。这时，你会继续小心翼翼地走，还是会想"反正已经弄脏了，就这样吧"，然后开始放飞自我？恐怕多数人会选择后者。

破窗效应告诉我们，当一件东西完好无损时，我们会格外珍惜，尽一切努力保护它。但一旦它有了瑕疵，我们可能会放弃最初的坚持，甚至破罐子破摔。在人际关系中，类似的"破窗"现象也经常发生。

比如，两个人相处时，出现了一点儿小矛盾。如果没有及时沟通解决，这个矛盾可能会在彼此心里留下一个"小裂缝"。尽管表面上看起来没事，但这个裂缝却在悄悄地影响两人的关系。

在"心事驿站"的故事中，小卓和萱萱的关系正是如此。每当发生争执或出现矛盾时，他们总是选择冷战，而不是直面问题。这种回避态度，就如同对破了的窗户视而不见。那些因心里话未能说出口而产生的芥蒂，那些被掩盖的矛盾，就像滚动的雪球，越滚越大，最终让两人渐行渐远。

人际关系中的"窗户"，其实就是信任和情感。每一次矛盾或冲突，都是对这扇"窗户"的一次考验。有时候，毁掉一段感情的，不是矛盾本身，而是面对矛盾时的态度。如果我们能及时修复那些裂痕，关系就会更加牢固。但如果选择逃避或忽视，裂痕就会变成裂缝，最终让这扇"窗户"彻底破碎。

> ❋ **人际交往小 tip：**
>
> 　　感情需要经营，矛盾需要化解。回避并不能解决问题，反而会让小问题逐渐演变成大问题，让彼此之间出现难以跨越的鸿沟。

50 蔡格尼克记忆效应
未完成的，最难忘

❤ **心事驿站**

小卓忍不住又一次点开了萱萱的朋友圈。屏幕上，萱萱和她的新男友笑得无比灿烂。看着这张照片，小卓的心揪了起来。萱萱是小卓的初恋，也是第一个让他心动的人。

坐在对面的朋友小夏恰巧也刷到了这条朋友圈，看着小卓失神的样子，小夏轻声劝道："都分手半年了，该放下了。"

"她是不是从来都没有爱过我？"小卓低声问道，内心充满了不甘与疑惑。小夏叹了口气："不是她不爱你，只是你们在不合适的时间，遇到了还幼稚的彼此。毕竟是初恋嘛，两个人都不懂爱情，否则你们也不会莫名其妙地冷战，莫名其妙地分手了。但毕竟已经分开了，你得学会向前看。"

虽然小卓当时也很决绝，心想着"反正好多天都不说一句话，干脆分了得了"，但真正分手后，小卓却总是不由自主地回忆起和萱萱在一起的点点滴滴。过去的回忆就像一场场电影，无数次在他的脑海中循环播放。他还想起两个人一起规划着去哪个餐厅吃好吃的，去哪个城市旅游，这些都还没有完成，怎么就分手了呢？他一直抱着一丝希望，觉得他们的感情还没真正结束，或许还有复合的可能。

为了挽回这段感情，小卓给萱萱发了无数条信息，打了很多电话，但都没有回音。他想知道为什么萱萱会选择离开他，却始终得不到回应。他常常自问："我到底哪里做得不够好？""为什么她要这么决绝？"他的脑海里总是充满了"如果"的假设：如果当初多陪陪她，是不是就不会走到这一步？如果能改掉自己的臭脾气，是不是还能挽回这段感情？

即使到现在，小卓仍不愿相信萱萱已经放下了。那天晚上，他喝得烂醉，回家后抱着萱萱之前送他的泰迪熊布偶哭了很久。萱萱已经开始了新的生活，而他依然沉溺于遗憾和回忆之中，迟迟不愿意走出来，任由自己的生活变得一团糟。

效应解锁

蔡格尼克记忆效应——人们对尚未完成的事情，比已经完成的事情记得更清楚、更深刻。

心理研究

如果你在纸上画了一个有缺口的圆（见图 50-1），是否会有一种想把缺口补上的冲动呢？

有人就做过这样一个实验：他在地上铺了一张白纸，在纸上画了一段弧线，然后观察路过的孩子会怎么做。结果发现，大多数孩子都会自然而然地拿起笔，将弧线补充完整，画成一个圆。

50　蔡格尼克记忆效应——未完成的，最难忘

图　50-1

心理学家布卢马·蔡格尼克设计了一个巧妙的实验，对此现象进行深入研究。她让参与者完成22个小任务，任务很简单，只需要几分钟就能做完。实验的关键在于，她会故意打断参与者。这样一来，参与者能够顺利完成一半的任务，还有一半的任务在没完成时就被打断了。

任务结束后，蔡格尼克让参与者回忆之前的任务内容。结果发现，参与者对那些未完成的任务记得更加清晰，记住了68%的内容，而对已完成任务的记忆只有43%。这说明，人们对未完成的事情往往印象更深刻，而那些已经完成的事情，容易被我们放下和遗忘。

人际贴士

表面上看，分手意味着一段关系"已结束"，但对很多人来说，其实是"未完成"。因为我们内心仍充斥着不舍、懊悔、留恋甚至愤怒等复杂情绪。正是这些未能完全解开的情绪，让我们对一段关系的记忆更加深刻，在分手后迟迟无法真正放下。

在"心事驿站"的故事中，小卓对萱萱的感情就是一个"未

完成事件"。虽然他们分手了，但小卓并没有真正接受这个事实。他依然心存幻想，认为两人之间还有机会。这种未完成的感觉让他无法释怀，陷入自责和痛苦之中。

分手后，大多数人都会经历一段难过的时光。为什么我们会如此难过呢？心理学上有个解释，叫作"分离焦虑"。不论对方是好是坏，这段感情是甜蜜还是糟糕，只要经历分离，几乎每个人都会感到焦虑和不安。这种焦虑并不代表我们还爱着对方，也不意味着对方是一个多么优秀的前任，只是因为分离焦虑是人类的一种本能。

当你因为分手而感到焦虑和不安时，可以试着提醒自己："这或许只是分离焦虑，是一种正常的情绪反应。"这种情绪不会永远持续下去，它只是暂时的，就像一场雨，终究会停。

感情结束了，我们需要学会处理的，是自己与回忆之间的关系。如果我们总是和回忆纠缠不清，沉溺于过去无法自拔，只会让自己更加痛苦。但也不必逼着自己去强行忘记，或者刻意抗拒这些回忆。越是反复告诉自己"不要想""不能想"，越是会让这些念头更频繁地冒出来。与其压抑情绪，不如允许自己适当想想，甚至在想念时哭一场也没有关系。这是情绪的自然流露，不必因此感到羞耻。

如果你身边有值得信赖的朋友，不妨和他们聊一聊，吐吐槽，把心中的情绪倾诉出来。好朋友的陪伴和倾听，会让你觉得不那么孤单。关键是，不要过于苛责自己，也不要逼自己"一定要马上走出来"。可以偶尔给自己一些正向的心理暗示，比如

50 蔡格尼克记忆效应——未完成的，最难忘

"TA错过了我，这是TA的损失"，这样也能缓解内心的遗憾感。

有些人注定只能陪你走一段路，这并不意味着前方没有更好的风景。分手不仅意味着结束一段过去，同时也象征着一个新的开始。这个新的开始并不是从零开始，而是带着你从过去学到的经验和教训，重新出发。当你走出这段感情，回头再看时，你会发现自己变得更强大了。这段经历会让你更清楚地知道自己想要什么，也会让你更懂得什么样的人值得珍惜。

不要害怕痛苦，痛苦是短暂的，但成长却是长久的。相信总有一天，你会找到属于自己的幸福。而在那之前，请记得好好爱自己，因为真正的幸福，往往从自爱开始。

❋ **人际交往小 tip：**

> 人们对"未完成"事情的记忆往往更深刻。用心去对待每一段关系，尽量避免留下"本可以"或"如果当初"的遗憾。

社会与人格心理学

《不被定义的年龄：积极年龄观让我们更快乐、健康、长寿》
作者：[美]贝卡·利维 译者：喻柏雅

打破关于老年的消极刻板印象，这将让人各方面受益，甚至能改变基因的运作方式，延长7.5年的预期寿命。

《友者生存：与人为善的进化力量》
作者：[美]布赖恩·黑尔 [美]瓦妮莎·伍兹 译者：喻柏雅

为了生存和繁荣，我们需要扩大"朋友圈"，把被视作外人的"他们"变成属于自己人的"我们"。

《我从何来：自我的心理学探问》
作者：[美]罗伊·F.鲍迈斯特 译者：梅凌婕

鲍迈斯特博士以清晰和富有洞察力的文字解释了复杂的概念，揭示了自我在使个人和文化蓬勃发展方面所发挥的核心作用。

《嫉妒与鄙视：社会比较心理学》
作者：[美]苏珊·T.菲斯克 译者：邓衍鹤

心理学×社会学×神经科学，揭秘社会性动物的比较天性。愿我们多一些看见与理解，少一些嫉妒与鄙视

《感性理性系统分化说：情理关系的重构》
作者：程乐华

一种创新的人格理论，四种互补的人格类型，助你认识自我、预测他人、改善关系，可应用于家庭教育、职业选择、企业招聘、创业、自闭症改善

心理学大师经典作品

红书
原著：[瑞士] 荣格

寻找内在的自我：马斯洛谈幸福
作者：[美] 亚伯拉罕·马斯洛

抑郁症（原书第2版）
作者：[美] 阿伦·贝克

理性生活指南（原书第3版）
作者：[美] 阿尔伯特·埃利斯 罗伯特·A. 哈珀

当尼采哭泣
作者：[美] 欧文·D. 亚隆

多舛的生命：
正念疗愈帮你抚平压力、疼痛和创伤（原书第2版）
作者：[美] 乔恩·卡巴金

身体从未忘记：
心理创伤疗愈中的大脑、心智和身体
作者：[美] 巴塞尔·范德考克

部分心理学（原书第2版）
作者：[美] 理查德·C.施瓦茨 玛莎·斯威齐

风格感觉：21世纪写作指南
作者：[美] 史蒂芬·平克